Nostradamus:
Les Centuries
(Spicilège)

IONELA MANOLESCO

NOSTRADAMUS: LES CENTURIES (SPICILÈGE)

Collection
Histoire des Écritures hermétiques

Traduction, adaptation, décodage

GUÉRIN

littérature

Dépôt légal: 1ᵉʳ trimestre 1991
ISBN-2-7601-2460-6

Bibliothèque nationale du Québec
Bibliothèque nationale du Canada

IMPRIMÉ AU CANADA

Illustration de la page couverture:
«Le dragon à sept têtes de l'Apocalypse»,
Joachim de Flore, *Liber Figurarum.*

Avis au lecteur

Les neuf cent soixante-cinq quatrains répartis en dix Centuries, à part les Présages (141) et les sixains (58) contenant l'œuvre du poète français – le prophète et astrologue Michel de Notre-Dame, connu sous le nom latinisé de Nostradamus (1503-1566) ont fait couler beaucoup d'encre et travailler des cerveaux éclairés d'auteurs familiers aux souverains et aux chefs d'État; des Instituts; des Loges; puis des ordinateurs, des machines à imprimer et à réimprimer sans relâche. Une œuvre qui ne laisse personne indifférent.

Chaque quatrain illustre le reflet oraculaire de la loi de l'évolution cyclique. Arrivés à un point de l'histoire (a), nous voyons qu'un événement particulier (1°) laisse dans la mémoire collective une trace qui se structure peu à peu en archétype (y). Plus tard, une autre boucle évolutive (b) encercle un phénomène analogue (2°). Il laisse à son tour une trace d'où, si l'on exclut les détails, on peut extraire un archétype qui se superpose à celui qui lui était antérieur (y). Voilà pourquoi chaque quatrain de Nostradamus peut correspondre à deux et même à plusieurs interprétations rétroactives des faits historiques distincts, dans des versions également valables mais ayant cours chacune en son temps et à sa place.

Aussi le quatrain III,97 («Nouvelle loy...»), que Jean-Charles de Fontbrune donnait comme une prédiction de la guerre des Six Jours (5-10 juin 1967), devient-il, pour le même, l'expression d'une «influence soviétique croissante dans le Moyen-Orient»; tandis que pour nous, elle correspond plus précisément à l'actuelle guerre du Golfe.

La même constatation couvre encore le quatrain VIII, 96 (...«La Synagogue...») que Fontbrune identifie comme une prophétie du retour des Juifs en Palestine (1948), applicable encore, selon lui, aux tribulations de 1974 / démission de Golda Meir). Nous en avons lu ce que les événements récents du Moyen-Orient (janvier 1991) nous font voir de sensationnel. L'auteur avait lui aussi ressenti les multiples valeurs de cet archétype, lorsqu'il établit un parallèle entre le conflit permanent, celui prophétisé comme répétible et l'ancienne référence mnémonique: le retour des Juifs en captivité à Babylone.

Ma démarche n'est ni un essai casuistique, ni une vulgarisation en marge d'un tel;[1] mais une humble tentative d'apport partiel; une simple cheville au solide édifice bâti à travers les âges par des interprètes assermentés du génial visionnaire avec tout ce qu'une implication poétique peut permettre. Ce n'est qu'une relecture, ou une autre lecture, et rien que par bribes; de même qu'une réécriture aussi soignée qu'ouverte et à l'entendement du commun des mortels, de ce qu'a pu nous inculquer tout d'abord l'auteur Nostradamus par

---

[1] L'un de nos ouvrages, la «Stéganographie», est en voie de paraître à Montréal aux Éditions *Guérin littérature*; c'est une histoire des écritures secrètes imagées, fondée sur un moyen de communication foncièrement poétique et qui s'impose comme telle jusqu'à l'ésotérisme.

son talent, son humour et son savoir en matière de cyclologie du Destin; puis, les vrais savants nostradamiens qui l'ont décrypté, décodé, commenté et glossé jusqu'à présent; mais encore et surtout l'Actualité. Ce lutin remet toujours en question avec tant de malice, aujourd'hui plus que jamais, non seulement l'avenir de l'humanité avec ses vénérables programmations, mais encore le renouveau de la perception des prévisions, jusque-là cumulées, vérifiées et triées, par l'évolution d'un lecteur censé modifier, amplifier, compléter, dans la lumière des faits qui l'assaillent, une prophétie qui tire à sa fin.

Nous avons plongé pendant des décennies dans l'analyse, le décodage et la restitution des anciens textes hermétiques, parallèles à ceux de Nostradamus, mais toujours poétiques et par là même magiques! Nous avons maintes fois interrogé les «Centuries» de l'hermétiste de Salon, avant de conclure sur les secrets du langage. Ceci nous a beaucoup aidé à «traduire» Nostradamus, sans pour autant le trahir, et nous a permis d'élargir par endroits le fonds consacré des correspondances lexicales et onomastiques, de même que souligner la retombée actuelle de certaines prévisions nostradamiennes en fonction de leurs concordance avec les perspectives de l'avenir immédiat et dans la direction des nouvelles spirales cycliques qu'il nous est permis d'entrevoir.

Ceci dit, cette lecture qui n'est pas fantaisiste, mais non plus carrément scientifique, celle des quatrains nostradamiens, nous force à envisager la réalité historique de l'actuel vécu en adoptant une position comme celle de Dante traversant l'Enfer et ayant, à part les lumières d'un mentor qui n'est plus Virgile, mais Michel de Notre-Dame – la joie de faire corps avec la poésie – quelle que soit l'issue de la Pièce dont nous ne sommes pas que des Lecteurs.

Ionela Manolesco
Montréal, 2 février 1991

Indications de lecture

Notre contribution à la traduction littéraire et l'interprétation de dernière date que nous donnons à Nostradamus s'étale sur deux volets, le présent volume étant un spicilège autonome, à valeur introductive, annonçant le second, en cours d'édition, qui contiendra la traduction originale intégrale, toujours en vers et annotée, des quatrains des Centuries de Nostradamus.

Ce fut une démarche bien téméraire de notre part que celle de nous engager dans l'étude et la transposition de cette œuvre ambiguë, mais sa beauté originale ayant récompensé l'entreprise, nous fûmes heureux de pouvoir parfaire dans une forme relativement neuve un travail qui s'imposait comme nécessaire dans l'ensemble de nos recherches sur les écritures secrètes, hermétiques ou(et) poétiques.

À comparer les deux parties du texte, soit l'original à la version que nous en donnons, un regard de surface pourrait croire qu'il s'agit là d'une contrefaçon fantaisiste. Ce n'est point le cas, en dépit de la priorité, par rapport au volume restreint des gloses, que nous avons accordée à la forme poétique, allant jusqu'à une nouvelle coordination, selon notre décodage et notre propre logique, des quatrains traduits d'après les Centuries rédigées en style et langage sibyllins par le grand poète visionnaire.

Il est vrai que notre souci secret fut celui de délecter tout d'abord le lecteur en lui faisant connaître le message trop grave chez d'autres interprètes de Nostradamus, tout en lui épargnant la fatigue et l'anxiété qu'éprouvent autrement certains sujets dépressifs devant le verdict de l'original.

Toutefois, nous avons glosé et expliqué par endroit certains vocables, ne fût-ce que pour informer le lecteur au sujet de la conformité de notre version par rapport aux acquis déjà établis en matière de décodage nostradamien.

C'est que nous n'avons nullement la prétention d'entrer en compétition avec les spécialistes en énigmatologie, avec les historiens, informaticiens et cryptographes que nous avons pieusement parcourus, questionnés et cités à profit dans nos gloses, vu le but, la structure et l'étendue de chacun des deux livres que nous consacrons à Nostradamus. Aussi considérons-nous que l'appareil critique, réduit à l'essentiel, va rassurer le lecteur quant à notre respect du système hermétique oraculaire, d'un mot pour un autre, sans trop le combler et tout en lui laissant entière la délectation.

Comme indication préalable pour la lecture de ce bouquin sélectif, voici le schéma de base du trajet à suivre.

En guise de bibliographie à l'appui de notre spicilège, nous nous arrêterons à mentionner les chefs de file qui nous ont le plus aidé, par leurs écrits et leur exemple personnel, à trouver notre propre voie d'interprétation de l'œuvre poétique oraculaire de Michel Nostradamus; elle est pour nous une lecture littéraire,

12

raisonnée et actualisée. Pour ceux qui veulent en savoir plus, nous recommandons en outre les bibliographies partielles ayant servi comme bases de référence et qu'indiquent nos sources sélectives. Quant à une bibliographie complète et récente concernant Nostradamus, elle égalerait au moins l'épaisseur des «Centuries», tout en n'énonçant que les titres des ouvrages, articles et monographies.

Voici les sources confrontées de manière prioritaire:

L'instrument syncrétique bien conçu qu'est le «Dictionnaire Nostradamus» de Michel Dufresne, paru en 1989 aux éditions J. C. L. de Chicoutimi, Québec, et qui contient la synthèse des décodages, déjà confirmés, des six mille mots contenus dans les «Centuries» — réalisation facilitée par l'utilisation raisonnée de l'informatique, et qu'a opérée un auteur aussi bien au courant de l'appareil critique nostradamien que des vertus du logiciel qu'il maîtrise comme personne d'autre.

La seconde source à recommander au lecteur désireux d'approfondir la lecture de Nostradamus dans sa diversité signifiante est à son tour une œuvre devenue célèbre, dès son apparition et encore plus depuis la guerre du Golfe. C'est l'ouvrage (conçu sous forme de trilogie dont les deux premières parties, autonomes, sont déjà parues de Vlaicu Ionescu) – *Nostradamus, l'histoire secrète du monde*, paru aux Éditions du Félin, à Paris en 1987. Ce livre est une interprétation critique inspirée, fondée sur un solide et long travail de recherche; il contient des explications et interprétations des dits de Nostradamus dans la lumière des données astrologiques et historiques, confirmées tant pour le Sage de Salon que pour l'auteur de sa monographie et son décodeur, Vlaicu Ionescu, dont l'œuvre fait un malheur par sa popularité intense, aux États-Unis comme en Europe.

Un troisième instrument à consulter pour élucider de manière comparée le problème du décodage des prophéties de Nostradamus et les embûches de son texte poétique-hermétique, c'est la plus connue des contributions dans la matière. Il s'agit du livre de Jean-Charles de Fontbrune, *Nostradamus historien et prophète*, paru aux Éditions du Rocher en 1980 et 1982. La richesse de l'apport cryptologique, hérité de chercheur en chercheur et de père en fils par de Fontbrune, concerne surtout la mise en valeur, par le passé historique, de la prophétie; la célébrité des de Fontbrune connut son apogée dans la première moitié de la décennie qui vient de passer.

Un quatrième instrument, plutôt sommaire comme interprétation, très prudent aussi, a cependant l'avantage de présenter en entier et dans sa succession authentique, les dix Centuries, comprenant presque tous les quatrains des prédictions de Nostradamus. C'est un livre de l'historien le plus fécond des écrits ésotériques traditionnels, le bien célèbre Serge Hutin.

Le plus ancien, mais qui reste toujours l'un des plus valables parmi les ouvrages modernes sur la matière, est celui d'Anatole Le Pelletier, *Les Oracles de Nostredame* en deux volumes, paru à Paris en 1867: un livre fondamental pour tous ceux qui ont marché sur les brisées de ce chercheur.

Mentionnons encore une contribution particulièrement intéressante de notre point de vue littéraire, celle de François Croujet, *Nostradamus, poète français*, paru

14

chez Julliard à Paris, en 1973. Une autre, très spéciale mais pas moins révélatrice, parce que rigoureuse malgré un certain parti-pris, fut pour nous la recherche portant sur les retombées en Belgique des prévisions de Nostradamus, notamment celle menée par Paul de Saint-Hilaire: à lire *Ainsi parla Nostradamus*, paru chez Russel à Bruxelles, en 1982. Nous devons à regret nous arrêter là-dessus, non sans spécifier que la plupart des titres énoncés plus haut peuvent à leur tour offrir à tout lecteur de nombreuses pistes et objectifs. Nous ne voulons pas non plus ignorer tout ce que l'engouement pour Nostradamus va bientôt nous faire découvrir dans l'avenir.

Michel de Notre-Dame
dit *Nostradamus*

Michel de Nostredame, connu sous le nom illustre de *Nostradamus*, né en 1503 le 14 décembre, à Saint-Rémy en Provence, et il est mort le 2 juillet 1566, à cinq heures du matin, à Salon-de-Crau, à l'âge de soixante-deux ans, six mois et sept jours. Il fut porté en terre avec son écritoire et du papier à ses côtés.

L'Aveu de Michel de Nostre-Dame; extrait de la Lettre au roi Henri II[1]

« ... Depuis l'instant de la Rédemption de l'homme par la naissance de l'Enfant Jésus et la fondation du Christianisme; jusqu'à celle de l'Islam, par l'hérésie détestable des Musulmans, six cent vingt-et-un ans sont passés. Par rapport à la dernière, l'on peut facilement colliger combien de temps s'est encore écoulé jusqu'à nous depuis lors. Jugez alors, si mon évaluation indirecte des dates n'est pas bonne et valable pour toutes les nations. Le tout a été calculé par rapport au cours céleste; par association aussi de l'émotion infuse à certaines heures (où je m'en suis détaché de la mienne...) soit à travers l'inspiration que m'ont dispensée les âmes de mes ancêtres; de mes antiques prédécesseurs. Mais l'universelle histoire, ô sérénissime Roi, requiert que de tels évènements secrets ne soient rendus publics qu'à travers des phrases enygmatiques, n'ayant qu'un seul sens et portant sur un seul et unique entendement.

« Je n'ai donc mis aucune ambiguité, aucune amphibologique calculation, car ces visions me sont parvenues d'elles-mêmes. Je possède donc cette science sans l'avoir acquise par l'étude ou par l'expérience, mais encore par mon approche de la Parole, des Prophètes.

«*Je l'ai rendue à mon tour dans un style hermétique, en approchant par là le style traditionnel de l'un des mille et deux Prophètes reconnus qui se sont succédés depuis la création du monde, notamment de celui dont témoigne la supputation et chronique punique de Joël, et qui disait ceci: «Je répandrai mon Esprit sur toute chair, et vos fils et vos filles prophétiseront.» Mais une telle prophétie émanait de la Voix du Saint-Esprit, qui était la souveraine puissance éternelle, adjointe à la céleste et dispensée à d'aucuns de ces prophètes qui sont compris dans le nombre consacré, et qui ont prédit d'importantes et extraordinaires aventures. Quant à moi, je ne m'en attribue là-dessus nullement le titre de Prophète, à Dieu ne plaise!*

«*J'avoue que tout ce que j'écris et je dis vient de Dieu, ce à quoi je Lui rends grâce. À lui seul tout honneur et louange éternelle – sans que j'eusse aucunement mêlé de la divination qui provient «a fato» (du Destin, en interrogeant les sorts) mais uniquement «a Deo; a natura».*

«*La plupart de mes visions prophétiques sur tout ce qui va se passer, je les ai corroborées avec des calculs établissant l'évolution de la marche des étoiles, si bien que j'ai réussi à entrevoir comme dans un miroir ardent, et comme par une vision estompée, les grands évènements, tristes et prodigieux – qui vont se produire; premièrement dans les temples de Dieu et deuxièmement dans les palais des princes qui exercent le pouvoir temporel et qui seront supposés d'approcher dans le temps la décadence qui va survenir (ou la Fin de ce Cycle)...*

«En finale, la Force Chrétienne sera bien soutenue, tandis que les sectes hérétiques, subitement élevées, le seront aussitôt rabaissées — et les Arabes vont reculer...

Fait à Salon, le 27 juin mille cinq cent cinquante-et-huit.»

Michel de Nostredame connu sous le nom de NOSTRADAMUS fut, parmi les poètes et les chroniqueurs, celui qui a fait preuve du plus puissant don de prémonition que l'on ait jamais reconnu à un être moderne. La réalité historique ne cesse statistiquement pas de nous le confirmer. Aucun détail de sa biographie, si sensationnelle fût-il, ne compte autant que ce don. Plus les ouvrages sur lui abondent, moins on peut l'approcher et sa stature se projette toujours plus haut sur le fronton de son œuvre.

Et l'homme qu'il fut, alors? Michel de Nostredame a gagné sa vie comme médecin; il a fréquenté les grands; les rois se sont prosternés devant son surprenant savoir. Si ce n'était que cela, nous aurons pu dire qu'il s'est beaucoup ennuyé. Mais non. Il y a quelque chose de sublime dans sa vie; la poésie, qui l'a empêché de désespérer. Une étincelle divine qui l'a soudainement illuminé. Il a eu sa part, aussi, de la souffrance lacérante, celle d'un génie solitaire. Il a beaucoup voyagé; à tel point qu'il aurait pu se confondre avec le mythe du Juif errant. (En réalité, seul le huitième de son sang était juif).

Nostradamus est un Provençal, un Français du Midi qui met la France au cœur de l'Univers; mais il se trouve que Dieu lui-même en procède autant.

L'œuvre capitale de Nostradamus couvre les «Centuries», dont nous avons extrait une partie signifiante que nous allons par la suite compléter.

Notre démarche nous a imposé un autre agencement des quatrains choisis à l'intérieur du présent «spicilège». Nous l'avons fait en fonction des grands thèmes amorcés. Ce fut la première étape du décodage des quatrains qui forment les centuries de Nostradamus.

Le premier choix de quatrains inclus dans ce spicilège complèterait l'«Aveu» déclaré dans l'extrait de la lettre à Henri II. Cet autre «aveu» porte sur une présentation énigmatique du Mage Nostradamus lui-même dans l'exercice de ses fonctions.

Tout comme
la Sibylle...

NOSTRADAMUS

I. 1

Estant assis de nuit secret estude

Seul reposé sur la selle d'aerain:

*Flamme exigue sortant
de sollitude,*

*Fait prosperer qui n'est
a croire vain.*

*«secret estude», lieu de travail retiré; «flamme exigue»
elle surgit derrière les paupières dans certains états de
concentration; «de sollitude», ibid.;«prosperer» (emploi
ambigu) – signifie d'abord «espérer» puis, par méta-
phore: «gonfler, grossir la «flamme»; «qui n'est à croire
vain», par rapport à ce que cette «flamme» minuscule
lui révèle, Nostradamus considère que les choses entre-
vues dans un pareil état ne sont point des chimères.*

I. MANOLESCO

I. 1

Comme je me retirais la nuit
en lieu serain,

Et me détendait seul
sur un trône d'airain,*

Un phosphème surgit
de ma concentration,

Prend forme et grandit
et me dit ces quatrains.

*Le poète et devin Nostradamus se met en état de voyance, suivant la technique secrète des oracles. Il se concentre jusqu'à ce que, derrière les paupières, une petite lunule vacillante (un phosphème) se mette à papilloter. Cette lumière intérieure s'extériorise, prend une forme corporelle et lui inculque la conviction que ce qu'il voit en état de transe n'est pas une tricherie mais bel et bien la réalité future.

NOSTRADAMUS

I. 2

*La verge en main mise au
milieu des Branches,*

*De l'onde il moulle et le limbe
et le pied:*

*Un peur et voix fremissent
par les manches:*

*Splendeur divine. Le divin
pres s'assied.*

*«verge», baguette divinatoire; «mise» en marche, tel le
bâton de sorcier; «branches» pour «branchies», organes
respiratoires des poissons et d'autres animaux aqua-
tiques, capables de vivre dans l'eau; «moulle» pour
«mouille»; «le limbe», la bordure de sa robe; «peur»
au masculin, du latin, pavor, peur; «le divin», le «pres
s'assied», calembour; lire «présagier» (nom), «pronos-
tiqueur».*

I. MANOLESCO

I. 2

De sa main, la Sibylle,

Une baguette elle pose sur
des branchies;*

De son pied elle plonge*
jusqu'à la cheville

De ses ailes* elle tremble
et sa voix terrifie;

Quelle miracle! Saint-Esprit inspire;

Le présager qui tourne dans l'avenir.

«branchies», entrailles servant à la divination, aux augures;* dans l'onde favorisant la divination; les «manches», ou le «phylactère» enroulé autour du bras chez les Hébreux et qui servait toujours à la divination.

Dans les deux quatrains du début (I, 1-2), Nostradamus exulte le procédé «naturel» de la divination des haruspices (qui prédisent l'avenir en consultant les entrailles de certains animaux) qu'il considère comme étant supérieure à celle «artificielle», des chiffres.

Notre révélation du secret des «Branches» (I,2)

L'historien Flavius Josèphe nous informe, dans les «Antiquités Judaïques» (III, VIII,9) que le grand prêtre des Juifs, tout comme le pharaon, portait sur la poitrine une pièce vestimentaire protectrice, en étoffe (ou en métal), garnie de pierres précieuses: le fameux «Pectoral». Toujours Flavius Josèphe nous révèle certaines qualités opératives de cet accessoire sacré, plus précisément des pierres précieuses qu'il comprenait, et qui servaient à leur porteur initié, au cours de la divination. Il semble que, d'après ce qu'il avance, l'éclat vacillant, de la lumière spéciale du Chandelier à sept *Branches*, faisait briller successivement aux yeux du devin les pierres du Pectoral, gravées des noms des douze tribus. Le grand prêtre groupait alors, les lettres selon une technique à lui seul connue; selon l'inspiration divine, quant au résultat final — la composition et l'interprétation de l'oracle obtenu.

En suivant ce précieux témoignage, nous découvrons une autre traduction — interprétation des quatrains d'introduction des Centuries. Nostradamus fait, selon nous, à l'endroit-clé, un aveu-clé, mais un tant soit peu couvert. Au cours de la divination naturelle qu'il est en train d'accomplir, Nostradamus désigne un certain accessoire qui joue un rôle capital dans la réussite de son entreprise. Voici donc notre ultime décodage inédit de ce passage obscur qui a donné tant de fil à retordre à nos confrères et devanciers:

«La baguette (divinatoire) en main et (le regard fixé) au milieu des Branches[1] (du chandelier à sept Branches; N.O.), «Un pouvoir[2] et (plusieurs) voix frémissent par les manches...»

Nous sommes obligés de nous arrêter, pour expliquer ceci en détail. L'*unicité* du début ne concerne que le «pouvoir» acquis, (celui de la voyance du fait singulier, appartenant à l'avenir, ou/et de sa transmission écrite, selon la méthode dont témoignait plus haut Flavius Josèphe.) La «Flamme» (I, 1, v. 3; celle du Saint-Esprit inspirateur), elle aussi, touche le «devin» (I, 2, 4; N: «divin»), qui «assied» (et qui fonde son écriture) près (ou *sur* l'écriture miraculeuse, perçue toujours par la voie visuelle).

Or, ce n'est pas assez pour garantir l'exactitude de la perception. Le message de l'Au-Delà parvient encore au prophète Nostradamus par la voie auditive, qui confirme et renforce le message deviné par écrit. Il entend donc des voix, qui sont multiples puisqu'elles «frémissent» (*ibid.*). Le «devin pres s'assied» (I, 2, v. 4): il s'assied tout près du Chandelier et approche son oreille des «manches» pour une réception optimale du message des voix qui lui parlent. Ces voix appartiennent aux

---

1   I, 2, vers 1; le mot «Branche» figure en majuscules, ou avec l'initiale seule en majuscule, dans tous les imprimés anciens des Centuries de Nostradamus, en signe de dévotion.

2   Nous avons sauté au vers 3. Le mot «pouvoir», que nous sommes le seul à traduire ainsi, est couvert chez Nostradamus par le mot «peur». Or, «peur» dérive de l'étymon latin «pavor», qui représente l'anagramme frappante du mot français «pouvoir». Nostradamus emploie donc un mot pour un autre, en exploitant l'anagramme de l'homonyme latin, qui coïncide avec le terme propre.

«*mânes*» de ses ancêtres, comme il le mentionnait dans l'aveu à Henri II. Une analogie étymologique vient de nous éclairer la bivalence syncrétique du mot «manches». Les âmes des morts s'appelaient «manes» en latin. Le mot français «manche» dérive du latin «manus». Le pluriel des «manches», chez Nostradamus, comprime.

Quant à notre version 1991 des prophéties de Nostradamus, nous espérons obtenir le pardon du lecteur pour cette témérité.

Quant aux droits réservés du poète qui double le chercheur et l'illustrateur, nous espérons de même le conserver en tout honneur.

Nostradamus nous a vraisemblablement pardonné et accepté, puisqu'entre les ordinateurs qui l'assaillent et l'humble poète que nous sommes, il a choisi pour l'instant le dernier.

I. Manolesco
Montréal, 15 février 1991

Le prophète Moïse tient dans sa main gauche la «Flamme» divine du Saint-Esprit qui l'inspire, et soutient de la droite le phylactère où s'inscrivent les paroles prophétiques. (Peinture murale de l'église du Monastère Cozia, en Roumanie.)

Le Cardinal
et son opposé

NOSTRADAMUS

VIII. 68

Vieux Cardinal par le ieune deceu,

*Hors de sa charge se
verra desarmé,*

*Arles ne monstres,
double soit aperceu,*

Et Liqueduct & le Prince embausmé.

«Vieux Cardinal», Richelieu (lecture presque unanime). En 1642, il s'applique à liquider son ennemi qui, lui, est «jeune» et le «déçoit», le trahit. Mais «deceu» évoque encore les «rumeurs» ou «bruits» (lire encore «deceu» comme «des-sues» ou «par des bruits; des fuites». Le «jeune» sera encore «déchu» de sa «haute» «charge» comme chef «des armée(s)». Le jeu «double» du «jeune» ennemi est dévoilé à «Arles». Et «Richelieu», porté par les «eaux», s'en va, la même année (que le «jeune» et) que le «Prince» (du Royaume), par les «eaux» (du Stix) qui les «embausme» (anagrammes multiples de «Lique-duc».)

I. MANOLESCO

VIII. 68

Vieux Cardinal trahi par
favori du trône,

Le Marquis de Cinq-Mars*
de sa tête écourtant,

Lui, malade porté en bâteau
sur le Rhône,

Et le traître, et le roi
mourront tous en même temps.

Le «jeune» qui dérangea le plus fort, le «Cardinal» (Richelieu) sur ses «vieux(-jours)», ne fut autre que *Cinq-Mars*. (Serge Hutin, tout comme bon nombre de commentateurs les ont identifiés autant. Richelieu est malade. Il est transporté en bateau sur le Rhône. Ce fleuve serait, selon Nostradamus, toujours néfaste aux princes de l'Église. Richelieu meurt «en chemin» (aquatique). La morale en est que le triangle des trois personnages constitue une «égrégore» si forte, que les malheureux sont comme soudés par la haine, à la vie et à la mort.

35

«Bonnet rouge?»

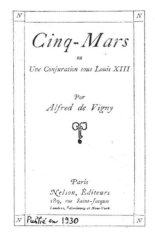

Le très jeune et vaillant Henri Coiffier de Ruzé, marquis de Cinq-Mars, ne se plie pas à la tutelle qu'impose à la noblesse française cette éminence, le cardinal de Richelieu, créateur de l'absolutisme. Le vieil homme d'État réussit à enfoncer le jeune héros rebelle et, en dépit des faveurs du roi Louis XIII à l'égard de Cinq-Mars, il réussit à le faire décapiter comme traître sur l'échafaud, en 1642.

Le martyre de Saint-Denis (vers 1400). Détails. Le martyr; le bourreau. (têtes).

La même année, le bourreau et le roi fermaient les yeux. La figure romantique de Cinq-Mars allait inspirer à Alfred de Vigny l'œuvre où il mentionne une prédiction attribuée à Nostradamus et qui circulait sur le compte du marquis de Cinq-Mars.

Le nom de «Quarante onces» correspond à Cinq-Mars. Bien plus, Nostradamus ajoute «on lui coupera la tête». Voici le passage en question, et le couplet rapporté par Vigny:

«Quand bonnet rouge passera par la fenêtre,

A *quarant onces* on coupera la tête,

Et *tout* finira».

Ce que nous lisons chez Alfred de Vigny a plutôt l'air d'une chanson populaire, comme tant d'autres que nous connaissons au même sujet. Toutefois, le style sibyllin est bel et bien dans le genre de Nostradamus:

«Lorsque la tête 'ensanglantée' passera de l'autre côté de la 'fenêtre' (guillotine) / C'est qu'alors à 'Cinq-Mar(c)s' on lui aurait coupé la tête, / Et 'tout' finira* (et puis de 'Tout', son complice, 'finira' tout comme Cinq-Mars).

La concordance entre le drame vécu et la prédiction supposée être de Nostradamus à l'origine, d'après Vigny, est assez stimulante pour justifier une recherche. Voici quelle est l'opinion, d'un spécialiste en Cinq-Mars, le comte de La Messuzière [1] qui a bien voulu nous faire part de sa propre recherche.

(Vers 1400.) La scène de l'exécution capitale sous la Croix. Saint-Denis décapité.

Commentaire sur les prophéties de Nostradamus sur Cinq-Mars *(pour Ionela Manolesco)*

Dans le livre de Vigny, il semble que les gens de l'époque, avant l'éxécution n'avaient pas connaissance du quatrain VIII, 68 expliqué par Stewart Robb, etc. Dans les œuvres modernes, le quatrain VIII, 68 est presque toujours bien expliqué mais on ne parle pas de: «Quand **bonnet rouge** passera par la fenêtre...»

Souvenir de mon père

Lorsqu'en 1938, Xavier AUBIN de La Messuzière était élève-officier à l'École de L'Air de Salon-de-Provence (sud de la France) il était souvent invité dans le château du marquis de Baroncelli, fameux Camarguais, grand cavalier. Le marquis était un excentrique et adoré de tous dans le village voisin.

(Curieusement la plupart des enfants avaient les cheveux blonds et les yeux bleus, à l'image du châtelain, alors que la population locale avait les cheveux noirs). Il réservait régulièrement à mon père la chambre où, en des temps plus reculés, avait séjourné le fameux Nostradamus, Michel de Nostre-Dame. C'était une chambre à l'aspect très monacal, aux murs peints à la chaux et au mobilier très simple.»

Février 1991
Philippe AUBIN de La Messuzière

Michel de Nostre-Dame est mort le jour de la Visitation, en 1566, à Salon-de-Crau en Provence. Cette épitaphe et plaque funéraire se trouve dans un site d'où manque sa dépouille mortelle, notamment à l'église de Saint-Laurent dans la chapelle de Notre-Dame.

Hitler à Compiègne   Staline à Yalta
                Le jeu des bottes

Les Tyrans
du temps jadis

NOSTRADAMUS

V. 5

*Sous ombre saincte d'oster
de servitude,*

Peuple et cité l'usurpera lui-mesme;

Pire fera par fraux de jeune pute

*Livre au champ lisant
le faux proësme.*

«Sous ombre saincte», à l'ombre, sous le masque ou le fard de la sainte colère contre les Rouges et au nom de la libération de «servitude»; «fraux», terme argotique pour désigner un proxénète (vieux mot), dérivé du latin «fraus», fourberie; «pute», c.f. latin «puta», fille nubile; «champ» (de bataille; d'où «la lutte»); «proësme», préambule d'un ouvrage.

I. MANOLESCO

V. 5

Fardé pour la Grand'Guerre
contre Prolétariat,

Sbire qui prostitue son
propre jeune État,

Faisant pire que mon Voeu,
rugit le Proxénète,

Par son «Mein Kampf»* faussant
mon œuvre de Prophète.

Hitler sacralise l'abus, légifère le vampirisme, compromet toute cause, impose son vice à l'échelle nationale et, comble de la concordance, il écrit son ouvrage célèbre ou il défend sa doctrine belliqueuse, sous le titre doublement évoqué prédit par Nostradamus: et comme traduction, et comme sonorité.

NOSTRADAMUS

III. 59

Barbare empire par le tiers usurpé,

La plus grand part de son sang,
mettra à mort;

Par mort senile par luy
le quart frappé,

Pour peur que sang par
le sang ne soit mort.

«Barbare», barbarie incarnée; «le tiers» – État, pour «la dictature du Prolétariat»; «par luy» suppose un sujet actant, un personnage mystifié – respectivement un bourreau. «La plus grande part» d'un côté, et «le quart», de l'autre, définissent les «Bolchéviks» (en russe: les majoritaires) et les «Menchéviks» (les minoritaires) et leur hostilité.

I. MANOLESCO

III. 59

Après avoir versé ton sang

Voilà que le sénile Staline
t'en saigne du reste

Par peur que tout sang frais
ne congèle le sien.

Le mot «sénile» signale dès le début un sens «autre»,
tant par sa rareté que par son emplacement, son
manque de suite et par le non-sens du déterminé. Par
ailleurs le quatrain de Nostradamus dégage un sarcasme
qui le situe entre le portrait grotesque et l'anathème.

NOSTRADAMUS

I. 60

Un Empereur naistra pres d'Italie,

Qui à l'Empire sera vendu bien cher,

Diront avec quels gens ils se ralie,

Qu'on trouvera moins prince
que boucher.

«pres d'Italie», en Corse, île qui n'était pas encore française; «boucher», sobriquet attribué à la dynastie renversée (les Capets). Napoléon n'était pas un «Capet» comme les rois décapités.

I. MANOLESCO

I. 60

Un Empereur naîtra près d'Italie;
Son règne à la France
coûtera bien cher;
À voir avec quelles gens il se rallie,
Moins Prince semblera-t-il,
que boucher!

**Mussolini
se croyant
Napoléon**

La «Teste rasée» ou le «Petit tondu»: le Géant (dit le «Geai») intrôné aux Tuileries (N.: «Treilhes») inspira plus d'une fois la plume du Mage de Salon. Celui-ci constitue le plus fameux des quatrains qu'il dédia à Napoléon.

Prince Jean d'Orléans — Tsarévitch — Prince Waldemar du Danemark — Tsar — Prince Nicolas de Galles — Princesse Victoria de Galles — Roi de Grèce

Grand Duc Alexandre-Michaelovitch et son fils — Tsarine — Grande Duchesse Xénia et sa fille — Grande Duchesse Olga et les cinq enfants du Prince Waldemar — Princesse de Galles — Roi du Danemark — Impératrice Dowager de Russie

Le plus beau sang d'Europe à la Belle Époque.
(Col. de l'auteur).

48

Les Rouges tantôt desserrent, tantôt serrent leurs serres

NOSTRADAMUS

X. 1

A l'ennemy, l'ennemy foi promise
Ne se tiendra, les captifs retenus:
Prins, preme, mort et le reste
en chemise
Damné le reste pour estre soustenus.

*«Les captifs retenus», les prisonniers de guerre non
libérés après la paix, «Prins», retenus prisonniers;
«preme», opprime!; «mort», mords!; «soustenus», aidés
à parvenir (carriérisme politique).*

I. MANOLESCO

X. 1

Au traître ennemi, répondons
par traîtrise,

La foi juré ne tient s'ils
nous prennent au lacet;

Saisies; contraintes? Mords!
Ou subsiste en chemise.

Ils se damnent du reste,
pour être bien placés.

Le quatrain est d'une actualité poignante. Il l'aurait été
ainsi même pour le poète. C'est un pamphlet politique
accusant un certain byzantinisme. Pour Nostradamus,
c'est la mise au pied du mur d'un pouvoir machia-
vélique. Pour nous, — communiste.

NOSTRADAMUS

V. 70

Des regions subiectes à la Balance

*Feront troubler les monts
par grande guerre,*

*Captifs tout sexe deu
& tout Bisance,*

Qu'on criera à l'aube terre à terre.

«subiectes», assujetties; «la Balance», septième signe du zodiaque et reconnu comme symbole des sept pays communistes; «troubler les monts» par la force atomique; «deu et tout», de tout le —; «Bisance», le règne où pour un rien on allait en tôle; lire ici «pays communiste»; «terre à terre», d'un pays à l'autre.

I. MANOLESCO

V. 70

Les Rouges, dans leurs
sept pays assujetis,

Mènent la guerre et
renversent des montagnes;

Fidèles de tout sexe,
toute foi, mis au bagne

Se trainent terre à terre
dès l'aube, et crient.

L'Europe de l'Est et les autres contrées du globe assujetties aux communistes vont engager la troisième guerre mondiale. Les persécutés pour la foi, sans distinction de confessionnalité, sont jetés en prison et le mécontentement est si fort que les peuples grondent d'un pays à l'autre.

NOSTRADAMUS

IV. 56

Apres victoire de rabieuse langue,

L'esprit tempté en tranquil & repos,

Victeur sanguin par conflict faict harangue,

Roustir la langue & la chair & les os.

«Victoire de rabieuse langue», de la rage à la langue, ou de la doctrine communiste; «l'esprit tempté», l'homme troublé dans son esprit, rendu fou; «Victor» l'empereur victorieux (pej.) «par conflict», en raison de la lutte de classe; «roustir la langue», supprime la liberté d'expression.

I. MANOLESCO

IV. 56

Après le triomphe d'une
Marxiste rage,

L'Esprit aliéné par torture
et chaos,

Proclame le Non-Sens
comme principe et langage,

Rôtit langue; brûle corps
et pulvérise les os.

Tout activiste de parti qui se respecte, et encore plus le chef d'un État socialiste, devient agressif dans ses propos et même dans ses gestes auprès des dissidents; ceux-ci sont si mécontents que, s'ils arrivent à sortir de prison, ils s'enfuient et s'expatrient.

NOSTRADAMUS

VI. 49

*De la patrie de Mammer
grand Pontife,*

Subiuguera les confins du Danube:

*Chasser les crois, par fer
raffe ne riffe,*

*Captifs, or, bagues plus
de cent milles rubes.*

«Mammer», contrée polonaise; synecdoque, pour désigner le monde slave; grand Pontife (iron.), le dirigeant satanique de ce conglomérat; «les confins du Danube», même type de synecdoque pour désigner la Roumanie; «raffe», arrestation; «riffe», supplice (écorcherie); «bagues», ou fers, chaînes; «rubes», roubles.

I. MANOLESCO

VI. 49

L'Église d'un Satan déguisé
en Messie

Subjuguera le peuple du
Delta du Danube

Pourchassera la Croix
par Marteau et Faucille

Pesant les Âmes Mortes
en milliers de roubles.

Le Pouvoir Soviétique exerce un paternalisme aussi
suffocant que dénaturé, sur toutes les Nations que le
caprice du destin, ou les bévues des partenaires, mirent
dans sa custodie. («Âmes mortes», les serfs de jadis, en
Russie).

NOSTRADAMUS

IV. 39

Les Rhodiens demanderont secours,
Par le neglet de ses hoyrs delaissee,
L'Empire Arabe revalera son cours,
Par Hesperies la cause redressee.

«Rhodiens» déviation du nom des «Doriens» — ou, par extension, des «Grecs», lu en anagramme comme «Rossiens», ou Russes (Soviétiques); «hoyrs», enfants, sujets, assujettis; «délaissée» par le défi des sujets qui veulent s'en séparer.

I. MANOLESCO

IV. 39

Les Russes Soviétiques
demanderont secours

Pour apaiser les
dissidents séparatistes

Et l'OLP rehaussera* ses cours,

Par les États-Unis* qui les assistent.

«rehaussera» la valeur, le cours de sa monnaie – étalon
(le pétrole); les Américains correspondent ici aux
Occidentaux dénommés «(peuples des-) Hesperies».

NOSTRADAMUS

V. 24

Le regne et loy sous Venus eslevé,

Saturne aura sus Iupiter empire:

La loy et regne par le Soleil levé,

Par Saturnins endurera le pire.

ceux de vendredi honorent le jour de «Venus» et ce sont les Musulmans (cf. Vlaicu Ionescu); ceux de «Saturne» honorent le samedi et ce sont les Juifs; les Américains passent pour des «Jupitériens» (cf. le même auteur); «Saturnins», Juifs (ibid.).

I. MANOLESCO

V. 24

Luciférien Jihad* des Musulmans,

Contre le Saturnin Hébreu se lève

Qui domine à travers Jupitériens*

Alliés, que dirige l'Amérique;

Perdant Levant, berné
par Soviétiques,*

Aura-t-il à subir les
pires attaques des Juifs.

«le Jihad» ou la «guerre sainte» de l'Islam contre les Chrétiens, proclamée par le chef religieux et jurée par les fidèles Musulmans dans leurs mosquées; «Soviétiques», les peuples du lever du soleil ou les pays de l'Est, qui fomentent les troubles du Moyen-Orient fondés sur le fanatisme.

NOSTRADAMUS

X. 62

Près de Sorbin pour assaillir Ongrie

L'heraut de Brudes les
viendra avertir.

Chef Bisantin, Sallon de Sclavonie

A loy d'Arabes les viendra convertir.

«Près» pour «après»; «Sorbin» pour la ville de «Sibiu» et les remous «sibiens», ayant précédé la révolution roumaine de 1990; «pour assaillir», pour faire saillir et déborder; «L'héraut» le héraut d'armes et crieur; «brudes» traduit comme «Brasov» (voir les remous); la «Hongrie» catholique et sa capitale, «Bude», (cf. v. 1 et 2) ne sont que des interpolations d'un autre cycle historique illustrant la même prophétie de Nostradamus mais n'ont rien à voir avec le récit cohérent de cette autre leçon de l'histoire; «Viendra», s'avancera; «avertir», mobiliser à la révolution; «chef», tyran; «Bisantin», aussi perfide que ce qualificatif laisse entendre; «Sallon» lu comme patronyme, Solon, à vrai dire le nouveau satrape qui se donne pour tel: «Sclavonie» pour la Roumanie – «esclave» du Bloc de l'Est; «A loy» à la latitude des flics sauvages, ces instruments aveugles du dictateur communiste; «d'Arabes»,

62

déjà traduit comme «communiste», nous lisons encore «Arad», localité d'où on recrute plus facilement les tortionnaires au service du régime antipopulaire, en fonction de sa composition ethnographique. La ville frontalière d'Arad compte, au sein des minorités, plus de Hongrois à se faire un plaisir de matraquer les majoritaires quand s'offre l'occasion; «convertir», assagir (iron.) par supplices et sévices; on l'a traduit par «en faire des martyrs».

I. MANOLESCO

X. 62

Pour faire sauter les Rouges
en Europe de l'Est,

Le Crieur de Brasov pousse
les Roumains à sortir;

Mais le perfide chef qui dicte
à Bucarest,

Les flics d'Arad pousse
contre martyrs.

«Les Rouges», les Communistes au pouvoir; «en Europe de l'Est» où le reniement du communisme s'est récemment rendu public à l'exemple et sous l'impulsion de la révolution roumaine de 1990; «Crieur», celui qui bat le tambour et appelle au rassemblement des recrues; «Brasov» et «Sibiu», deux villes roumaines où la population roumaine majoritaire peut se fier entièrement sur l'adhésion de la minorité saxone prioritaire sur la hongroise; «sortir les Roumains», les recruter à la lutte contre le communisme; les faire sortir dans la rue et résister, «le perfide chef», un vendu du type des «Fanariotes» de jadis, les instruments des suzerains turcs; «qui dicte» des lois jouant au bon satrape (tel l'antique Solon); «à Bucarest», (le chef du gouvernement siégeant à) en accord avec la coalition communiste qui écrase l'individu; «les flics», les Sécuristes, ces serviteurs aveugles du pouvoir, de la «loy» – arbitraire des politiques; «convoque martyrs», la seule façon de reconvertir les gens à l'obédience au régime communiste étant les supplices et les sévices physiques, leur «martyre».

NOSTRADAMUS

II. 68

De Aquilon les efforts seront grands
Sur l'Ocean sera la porte ouverte:
Le regne en Isle sera reintegrand,
Tremblera Londres par
voille descouverte.

«l'Aquilon», la Russie soviétique; «les efforts», tentatives de guerre; «l'Océan» Pacifique; elle aura «porte ouverte», elle pourra avec peu d'effort envahir l'Amérique du Nord par le Canada; «en Isle», sur le continent américain; au Canada (par extension du «domaine de la Couronne»); «reintegrand», profédéraliste; «tremblera» aura bien peur d'échouer en cas d'attaque; «Londres» et les anglophones, et les Canadiens anglais; «voilles», bateaux; flotte de guerre; défense côtière; «descouverte», dépourvue de; exposée, faute de —.

66

I. MANOLESCO

II. 68

Le vent du communisme fait effort

Et l'Océan lui laisse la voie ouverte;

Îles et Continents qui tremblent fort

Dépourvus de bateaux;
et Londres est découverte...

Le «Vent du Nord» signifiait pour les poètes de l'Antiquité classique une terrible entité hostile à la pensée, à la sensibilité et aux joies olympiques. Dans ce quatrain Nostradamus condense le mauvais présage au sujet de la menace du communisme soviétique face à une flotte incapable de défendre l'Occident à elle seule.

Manuscrit autographe
de Nostradamus

(Les Hiéroglyphes d'Horapollo; BNP;)
(cf. Saint-Hilaire)

Nature saige mere de Sympathie
Par faictz contraires se rend Antipathie
A... comme l'ame par sa concorde
Et la destruire apres par sa discorde
Comme il me semble chose bien necessaire
Descripre vng peu si se profond mistere
Mesmes les choses passant l'engin humain
Je n'ay tradruict ces deux livres en vain
Mais pour monstrer a gens laborieux
Que aux bonnes letres se rendent studieux.
Des secretz puissent scavoir l'utilité
... plusieurs notiis ...

La guerre
du Golfe

NOSTRADAMUS

III. 97

Nouvelle Loy terre neuve occuper
Vers la Syrie, Judée et Palestine;
Le grand empire barbare corruer,
Avant que Phebes
son siecle détermine.

«terre neuve»; l'enjeu de la guerre du Golfe est la libération d'un nouveau pays, occupé abusivement par un pays voisin (le Kuweit par l'Irak); «le grand empire barbare», la vieille Ligue Arabe; «corruer», lat. s'écrouler; «Phebes», Phœbus, la lune (Diane, sœur de Apollo-Phœbus); «siècle», cycle.

I. MANOLESCO

III. 97

Nouvelle Ligue occupe
nouvelle contrée

Près de Syrie, Jordan, et Palestine;

Grand'Ligue Arabe sera démantelée

Avant que la Lune son cycle
ne termine.

Nouvelle conjoncture; autre interprétation. L'ancienne,
qui fut valable pour les années 1940-1967, nous faisait
lire ce quatrain comme une prédiction de la fondation
de l'État d'Israël, puis de la guerre des Six Jours (Vlaicu
Ionescu, les deux; Fontbrune, seulement la dernière).
La nouvelle interprétation s'impose dans la lumière de
la guerre du Golfe. L'ancienne «Ligue» Arabe (1945/
1960) était «barbare» (Vl. I.) par rapport à la nouvelle
(les Forces Alliées 1990-1991), qui est juste et équilibrée,
pour la raison fondamentale que la première était
fanatique, fondée sur l'identité de la «Loy» islamique
des pays membres tandis que l'actuelle fait éviter cette
clause discriminatoire.

NOSTRADAMUS

VIII. 51

Le Bizantin faisant oblation,

Apres avoir Cordube a soy reprinse;

Son chemin long repos pamplation.

*Mer passant proy par
la Colongne prinse.*

*«Cordube», Cordoue en Espagne; «reprinse», reprise
par les Turcs qui l'ont déjà occupée dans le haut Moyen
Âge; la capitale des Turcs est Istamboul; l'ancien nom
de cette ville fut «Byzance» (v.1). L'invasion de
l'Espagne du Nord, où les Turcs débarqueront en con-
tournant la péninsule Ibérique et en occupant les villes
de «Corogne» (v.4) et Pampelune («pamplation») I.M.*

I. MANOLESCO

VIII. 51

Istamboul en faisant
des victimes de la foi,

Après avoir Cordoue la
moderne reprise,

Long séjour en chemin à
Pampelune prendra

Et, par détour en mer,
la Corogne* est conquise.

Nous avons donné une autre interprétation de ce quatrain, tout en localisant mieux les toponymes décelés. L'ancienne «Cordoba» (v.1) a déjà appartenu aux Ottomans, qui ont envahi l'Espagne et investi cette ville du rôle de siège du caliphat de Cordoue. À présent, il paraît qu'elle rentrera à nouveau, de force, dans les mêmes mains. «Le Byzantin» ne l'est plus, mais il l'a été ainsi. Il s'agit, selon nous, de la ville d'Istamboul, capitale de la Turquie, qui fut jadis celle de l'empire byzantin sous le nom de Constantinople. Si les Turcs envahissent à nouveau l'Espagne, la prophétie signale qu'ils occuperont Pampelune (v.3) puis, à l'extrême Ouest, le port militaire de Corogne, (v.4).*cf.* notre lecture.

NOSTRADAMUS

VII. 19

Le fort Nicene ne sera combatu
Vaincu sera par rutilant metal
Son fainct sera long temps debatu,
Aux citadins estrange espouvental.

«Nicene», transpose par une anagramme le toponyme «Tunis» (N.O.). Il paraît que le pays dont Tunis est la capitale, c'est-à-dire ce peuple, pourrait faire un jour volte-face et se rallier du côté des frères de sang. Mais les frères adoptifs, surtout le Grand, saura le rendre inoffensif, en dépit de sa trahison, et ceci sans même la guerre. Les Américains vont le neutraliser par la force de l'or.

I. MANOLESCO

VII. 19

Le fort Tunis ne sera combattu;

Vaincu sera par la tutelle de l'or;

Sa traîtrise pour longtemps
en sera débattue

Quand les Américains
stopperont la terreur.

Cette prophétie suscite de plusieurs lectures différentes.
Voici donc la nôtre: il s'agit de la guerre du Golfe.
L'incompatibilité de structures d'âmes est difficilement
palliée par un grand effort diplomatique. Il y a deux
sortes d'Orientaux, les Méchants et les Bons. Les Anglo-
Américains misent sur les Bons pour forger l'Alliance
du Moyen-Orient et sur Tunis. Mais le risque de la
perdre et de le voir rentrer dans le camp des autres
inspirent aux Américains la solution infaillible. À
corrupteur, corrupteur et demi. Aussi la ville de
«Tunis» serait-elle «rachetée» par les mêmes Alliés et
la Terreur cessera par leur intervention.

NOSTRADAMUS

VIII. 96

La synagogue stérile sans nul fruit,
Sera reçeuë entre les infideles,
De Babylon la fille du porsuit,
Misere et triste luy tranchera
les aisles.

«*Synagogue*», *l'État d'Israël;* «*stérile*», *stérilisée contre la guerre bactériologique; portant des masques antigaz;* «*sans nul fruit*», *sans aucune bombe de sa part, pénétrant le camp de l'ennemi;* «*sans fruit*» *en s'abstenant aussi de toute riposte violente, imprudente;* «*entre les infidèles*», *elle fera partie de la Ligue dont le but initial fut de la détruire.*

I. MANOLESCO

VIII. 96

La Synagogue, abstinente
aux attaques,

S'imposera devant les Infidèles

Qui poursuivent Babylon
/ Bagdag / Yrak.

Détresse à ce pays lui
coupera les ailes.

On a proposé bon nombre de solutions provisoires à
l'énigme du 2e vers de ce quatrain sans pouvoir en
bannir l'incongruité. Nous espérons l'avoir fait par cette
tournure de style, solution qui nous a été imposée par
l'évolution stratégique sur le front de l'Asie Mineure.
Quoique sauvagement attaqué, Israël fait preuve d'une
vertu absolue, en se refusant d'appliquer la loi du
talion. La non-intervention fait ainsi subsister l'Alliance
de l'Occident avec les pays arabes qui se sont déso-
lidarisés de l'Irak.

NOSTRADAMUS

I. 70

*Pluye, faim, guerre
en Perse non cessée,*

*La foy trop grande trahira
le monarque;*

Par la finie en Gaule commencée,

Secret augure pour a un estre parque.

«Pluie», troubles révolutionnaires; guerre civile et terrorisme; «Perse», Iran; «la foy trop grande», le fanatisme religieux; le trop grand pouvoir des chefs spirituels trop zélés sur le plan politique; «Monarque», le souverain persan ou le shah; «par la finie», le parachèvement; «Gaule», France; «secret augure», le prophète retiré qui présage ces malheurs; «pour» pouvoir; «a un – parque» le pouvoir (de couper la vie aux mortels que possède la troisième) Parque (le Destin peut devenir une force vindicative dirigée, de la part d'un) «augure» (prophète agissant dans) son lieu de retraite (les Centuries).

I. 70

Guerre civile en Iran
ne cesse après le Shah.

Le trop grand fanatisme
qui trahit le monarque,

Tel qu'ourdi à Paris
par feu l'aïatolah,

Présage à d'autres chefs
les ciseaux de la Parque.

Famine; conflits internes; guerres interminables; voilà
toute une suite incessante de calamités qui vont sévir
en Iran; c'est qu'il sera payé de retour pour la mauvaise
foi contre le shah et les sévices perpétrés sous l'emprise
de l'exacerbation du fanatisme religieux. Le plan de
l'assassinat du shah, ourdi à Paris par l'aïatolah, puis
sa mise en application après le retour de ce chef en Iran,
va tourner contre lui, contre son peuple, contre ses
successeurs au pouvoir, les mauvais augures et les
ciseaux de la troisième Parque, ceux de Lachésis, Ange
de la Mort qui leur coupera le fil de la vie, tel que
souhaité par le devin.

NOSTRADAMUS

IV. 41

Gymnique sexe captive par hostage,

Viendra de nuict coustodes decevoir,

Le chef du camp deçeu
par son langage,

Lairra a la gente, ferra piteux a voir.

«sexe», équipe (VI.I: «le sexe fort»); «gymnique», mot unique chez N.: jeunes gymnastes; gymnasium; «captive par hostage», équipe retenue captive par preneurs d'otages; «coustodes», gardien; «decevoir», supprimer; «par son langage», par ceux de sa langue; «gente», communauté ethnique.

I. MANOLESCO

IV. 41

Gymnastes juifs, faits otages en équipe,
Par terroristes arabes à Munich,
Sportifs et ravisseurs et chef du camp
Massacrés sont à ce match écœurant.

La parfaite concordance entre la relation prophétique de Nostradamus et le désastre terroriste provoqué dans le monde du sport le 5 septembre 1972, a été constaté dans l'immédiat par Vlaicu Ionescu qui l'a signalé dans son livre sur Nostradamus (*Histoire secrète du Monde*, 1987). Avec un léger raccord, notre version poétique de la prédiction nostradamienne, suit fidèlement la scolie sensationnelle du spécialiste cité. Une patrouille palestinienne affiliée à «Septembre Noir», tel que le relataient les rapports officiels et les annales Olympiques, a pénétré par effraction dans le village olympique de Munich. Un entraîneur et un sportif haltérophile qui ont opposé une résistance aux terroristes furent tués sur le coup. Les autorités allemandes ont encerclé le bâtiment où les terroristes avaient pris comme otages neuf sportifs juifs pour, disaient-ils, obtenir en échange la libération de deux cents prisonniers arabes d'Israël. Les terroristes ont réussi à s'envoler avec leurs proies vers l'aéroport; une fusillade entre ceux-ci et la police a laissé alors onze morts, dont les neuf otages, un agent de police et cinq arabes. Tout était déjà annoncé chez Nostradamus, y compris l'indication du lieu du drame, en anagramme: «Gymnique» Munich, Germanie; (*cf. VI.I.*).

NOSTRADAMUS

III. 61

La grande bande et secte crucigere
Se dressera en Mesopotamie:
Du proche fleuve compagnie legere
Que telle loy tiendra pour ennemie.

«bande», armées avançant sous la même bannière;
«secte» hérétique, «crucigere» antichrétienne; portée à
martyriser et à supplicier les Chrétiens; «Mesopotamie»
correspond à l'Irak et au nord de la Syrie (Fontbrune),
«proche fleuve», l'Euphrate (ibid.), «compagnie lé-
gère», armée, ensemble de troupes combattant à pied
ou motorisées; infanterie; «telle loy» de Mohamed,
contraire à celle des Chrétiens; «ennemie» toute autre
confession l'est pour l'Islam.

I. MANOLESCO

III. 61

La grande bande et secte crucifiante:

L'Irak, ancienne Mésopotamie,

Armée blindée rassemblée
vers l'Euphrate;

La Foi chrétienne elle
prend pour ennemie.

Les Arabes de l'ancienne Mésopotamie et l'actuel Irak se prépareront pour la guerre contre le monde chrétien qu'ils veulent supplicier afin de les faire abjurer. Ils vont concentrer leurs troupes pour mener le combat terrestre auprès de l'Euphrate. Il combattront contre les Chrétiens qu'ils considèrent leur ennemis.

NOSTRADAMUS

VII. 22

Les citoyens de Mesopotamie

Irez encontre amis de Tarraconne,
Ieux, rits, banquets,
toute gent endormie

Vicaire au Rosne,
prins cité, ceux de d'Ausone.

«citoyens» d'un autre pays, des résidents; «de Mésopotamie», de l'Irak; «amis de Tarraconne» des camarades de Barcelone; «Ieux, rits, banquets», les jeux de Barcelone, les spectacles et les festins; «Vicaire», le pape, dit le «Vicaire de Saint-Pierre»; «au Rosne», près du «Rhône»; «Ausone», ancienne contrée d'Italie.

I. MANOLESCO

VII. 22

Irakiens couverts par
complices Catalans*

Après festins et Jeux de Barcelone,

Une faction de ceux qui
assiègent le Vatican*,

Le pontife* se cachant
au palais d'Avignon,

En otage on le prend par
les Bouches du Rhône.

Un réseau hérétique animé par les Irakiens veulent supprimer le pape. Ils assiègent le Vatican; le pape se sauve; il gagne Avignon (l'ancienne cité des papes) mais il est pris par ses ennemis à l'endroit néfaste, sur le Rhône.

NOSTRADAMUS

III. 12

Par la tumeur de Heb, Po,
Tag, Timbre, & Rome,

Et par l'estang Leman & Aretin:

Les deux grands chefs
& citez de Garonne,

Prins, morts, noyez.
Partir humain butin.

«tumeurs», lat. «tumor», troubles, conflits; «Heb»,
Hébron ou Israël; «Pô»; «Tag», le Tage»; «Timbre», le
Tibre; «l'estang», le lac; «Aretin» en Toscane; «chefs»,
chefs-lieux; «humain butin», otages.

I. MANOLESCO

III. 12

Le conflit d'Israël
s'étend à l'Occident;

Des luttes à Verdun,
à Toulouse et Agen;

Puis en Suisse et Toscane
en quittant la Garonne;

Des otages, deux noyés
au Canal Rhin et Rhône.

S. Hutin suppose qu'il s'agirait des conquêtes de Napoléon Ier en Italie, Suisse et Espagne. Fontbrune inclut dans cette prédiction la troisième guerre mondiale axée sur les troubles du Moyen-Orient autour de l'État d'Israël. Nous continuons dans la même voie, par la menace qui s'entrevoit (?) et qui vient de la part des ennemis d'Israël celle d'envahir l'Europe.

NOSTRADAMUS

VIII. 10

*Puanteur grande sortira
de Lausanne,*

*Qu'on ne sçaura l'origine
du fait:*

*Lon mettra hors toute
gent loingtaine*

*Feu vu au ciel, peuple
est estranger desfait.*

*«puanteur», odeur infecte (S. Hutin); «terrible épidé-
mie»; «l'origine», tant qu'on ne la connaîtra pas, l'épidémie va sévir (en Suisse), après quoi les coupables
(ennemis, terroristes) subiront les conséquences de leur
«fait», «hors» (frontière); dans leur propre pays, par
le «feu du ciel» (guerre atomique).*

I. MANOLESCO

VIII. 10

Une grave épidémie
provenant de Lausanne

Ravagera la Suisse
par arme virotique*;

Commandos* refoulés
dans leur terre lointaine*,

Exterminés seront par
la bombe atomique*.

---

* «l'arme virotique» sera l'«origine», la cause du «fait»
criminel de la contamination par l'anthrax. Les auteurs
cachés seront organisés par «commandos». Leurs
compatriotes établis en Suisse seront refoulés. La «gent
lointaine» sera exterminée, y compris les coupables
éparpillés à l'étranger (?).

NOSTRADAMUS

II. 1

Vers Aquitaine par insuls Britanniques

De par eux mesmes grandes incursions:

Pluyes, gelees feront terroirs iniques,

Port Selyn fortes fera invasions.

«Vers Aquitaine», en France; «par insuls», de la part des insulaires des îles britanniques; «de par eux mesmes», l'incitation venant de la part de la première; il y aura des tempêtes de sable inouïes; il va geler dans le désert arabique; le terrain ne sera pas propice aux opérations militaires; «Port Selyn», golfe persique; l'issue du nouveau «Setim» l'envahisseur (Salam); «fortes fera invasions», l'alliance anglo-française occupera les places fortes des Musulmans.

I. MANOLESCO

II. 1

Au cœur de France
les forces britanniques

À sa demande feront incursion;

(Pluies acides, révoltes
et guerre chimique.)

Et de Saddam arrêtent l'invasion.

Ce sera au cours de l'invasion des pays de l'Europe
par les commandos des Musulmans que la France va
prendre l'initiative de s'en débarrasser. Aussi fera-t-elle
appel aux Forces Alliées qui créeront des bases
militaires. Celles-ci vont recourir aux armes plus ou
moins propres contre Saddam Hussein pour arrêter
l'invasion en Europe de la part des Musulmans.

L'ancienne peur de l'Apocalypse; celle de Dante.

Le tout-puissant
Occident

NOSTRADAMUS

IV. 96

La soeur aisnee de l'Isle Britannique

Quinze ans devant le frere
aura naissance:

Par son promis
moyennent verrifique,

Succedera au regne de balance.

«l'Isle Britannique», la Grande-Bretagne; «quinze ans», à cet âge de 15 ans, «devant le frère» (avant le frère va régner) se marie.

94

LE TRÔNE DE LA GRANDE-BRETAGNE   *I. MANOLESCO*

IV. 96

La Reine d'Angleterre,
de quinze ans, Mary,

L'aînée de son frère,
avant sa naissance

Accède au trône quand elle se marie

Avec Guillaume III, qui
partage sa Balance.

L'interprétation unanimement acceptée, celle de Vlaicu
Ionescu, serait qu'il s'agit de Mary II, l'aînée de Jacques
II.

NOSTRADAMUS

II. 87

Après viendra des estremes contrees,

*Prince Germain, dessus
le trosne doré:*

La servitude et eau rencontrees,

*La dame serve, sont temps
plus n'adoré.*

«*Prince germain*» *de Hanovre;* «*dame serve*», *l'escla-
vage (sera aboli);* «*plus n'adoré*», *les Noirs deviendront
comme les autres, de bons Chrétiens, non plus des
idolâtres.*

I. MANOLESCO

II. 87

Grande Bretagne accueille
un Prince de Hanovre

Qui comme roi montera
sur le trône doré,

Son règne s'étendra par delà
les eaux sombres,

La traite des Noirs de ses terres
va chasser,

Damme Esclave par lui
cessera d'exister.

Il s'agit de Georges I (1714) qui fonda la dynastie
actuelle. Les colonies gagneront l'indépendance.

NOSTRADAMUS

Sixain 30

*Dans peu de temps Medecin
du grand mal,
Et la Sangsuë d'ordre et rang inégal
Mettront le feu a la branche d'Olive
Et par tel feu leur Empire accosté
Se ralumant du franc finy salive.*

I. MANOLESCO

Sixain 30

Bientôt un Magicien fait Président

S'empare de la
Sangsue Multiethnique,

Soignant un seul pouvoir
et Continent,

Mettant au ban la branche pacifique,

Tous courent au poste,
au long du Pacifique;

D'un tel feu ils repoussent
l'Empire de l'Ours,

L'encerclant dans sa propre tanière,

Que les baveux ravalent
leurs discours.

La mosaïque ethnique du Canada portera vers l'union avec les États-Unis.

NOSTRADAMUS

VI. 90

L'honnissement puant abominable,
Apres le faict sera felicité.
Grand excusé pour n'estre favorable,
Qu'a paix Neptune ne sera incité.

I. MANOLESCO

VI. 90

Au drame écologique
la riposte blâmable,

Après la bonne issue, fera féliciter

Grand-Frère que l'on excuse
de n'être conciliable,

Pas plus que n'est Neptune
à la paix incité.

NOSTRADAMUS

X. 96

Religion du nom de mers vaincra,
Contre la secte fils Adaluncatif,
Secte obstinee deploree craindra
Des deux blessez par Aleph & Aleph.

I. MANOLESCO

X. 96

Sainte Alliance Atlantique vaincra

L'armée d'un fils d'Allah qui sera fait captif;

Plutôt un mécréant serf des Rouges sera.

Son Armée aura de quoi déplorer le sort:

Il sera mutilé;

Elle sera démantelée

Des deux côtés,

Tant par les Alliés que par les Juifs.

NOSTRADAMUS

VIII. 14

*Le grand credit d'or
et d'argent l'abondance*

Fera aveugler par libide l'honneur.

Sera cognu d'adultère l'offence

*Qui parviendra a
son grand des-honneurs.*

I. MANOLESCO

VIII. 14

Grand Crédit d'or et
autre accordera Dollar,

Aveuglant Grand honneur
par la concupiscence;

Mais sa mésalliance alors fera savoir

Le déshonneur traduit
par publique offense.

NOSTRADAMUS

I. 94

Au port Selin le tyran mis a mort,

La liberte non pourtant recouvree;

Le nouveau Mars par vindicte
et remort,

Dame par force de frayeur honoree.

«port», sortie; «Selin», à lire comme une anagramme comprimée; «nouveau Mars», guerre, l'Alliance renouvelée, et l'Amérique; «remort», remous, attentats, révolution; «Dame», «Marianne» personnification allégorique de la France.

I. MANOLESCO

I. 94

À l'issue du conflit avec la Sémilune,

Et le Nouveau Sélim abattu dans
son trou,

Ses revanchards assaillent
le Monde Libre;

Dame France, harcelée par terreur
et remous,

Courtise le dieu Mars qui
par force la délivre.

Nouvelle peur. Or, la guerre
fait encore la Une.

(L'exécution du tyran dans un port du golfe ne signifie qu'une victoire locale, car les terroristes envahissent l'Europe, plus particulièrement la France qui, pour recouvrer sa liberté, fait appel au puissant Allié pour la délivrer par la guerre.)

108

Apocalypse

NOSTRADAMUS

III. 27

*Prince Lybinique puissant
en Occident,*

*François d'Arabe viendra
tant enflammer,*

*Sçavant aux lettres
fera condescendent,*

*La langue Arabe en
François translater.*

III. 27

Un Prince Libyen, connu
en Occident,

La langue arabe propage tant et tant,

Et inculque aux lettrés
une telle complaisance,

Qu'ils truffent de ce parler
jusqu'au Français de France.

NOSTRADAMUS

VIII. 37

La forteresse aupres de la Tamise

*Cherra par lors, le Roy
dedans serré,*

Aupres du pont sera veu en chemise

*Un devant Port, puis dans
le fort barré.*

VIII. 37

La fortification tout près de la Tamise

Craquera et le Roi serrera des dents;

Il sera vu en selle, rien qu'en pan
de chemise,

Longeant la berge et le
pont réparant.

NOSTRADAMUS

V. 23

*Les deux contens seront unis
ensemble.*

*Quant la plupart à Mars
seront conjoinct:*

*Le grand d'Affrique en effrayeur
et tremble,*

Duumvirat par la classe desioinct.

*«contens» pour continents; «la plupart» des pays
entreront dans la troisième guerre mondiale;
«Duumvirat», le gouvernement des deux principaux
hommes politiques.*

I. MANOLESCO

V. 23

Continents deux par deux s'allient
pour la Guerre;

L'Eurasie à côté du
pouvoir d'Amérique;

Mais l'Égypte défaite
(quelle frayeur et misère),

Autre couple propulse
et forge l'Eurafrique.

Au début de la troisième guerre mondiale, les États-Unis
et l'U.R.S.S. s'uniront pour préparer l'après-guerre et
se partager l'hégémonie sur le monde. Mais au cours
de l'évolution des opérations militaires, certains États
arabes s'approchent de l'U.R.S.S., certains autres de
la France. Le dernier ralliement se structure comme la
troisième force qui déstabilise les deux superpuissances
et les désunit.

NOSTRADAMUS

V. 73

Persécutée sera de Dieu l'Eglise,

Et les saints Temples seront expoliez

L'enfant la mère mettra
nud en chemise

Seront Arabes aux Polons ralliez.

I. MANOLESCO

V. 73

L'Église de Bon Dieu, si haïe par
les Rouges,

Verra ses sites par eux expropriés;

On la verra ensuite, elle,
sans chemise,

Quand Arabes et Russes
vont l'unifier.

NOSTRADAMUS

VI. 80

*De Fez le regne parviendra
a ceux d'Europe,*

Feu leur cité, et larme trenchera:

*Le grand d'Asie terre et mer
a grand troupe*

*Que bleux, pers, croix,
a mort de chassera.*

I. MANOLESCO

VI. 80

Le «Ferkez» du Maroc règnera
sur l'Europe;

Par feux et fers les Blancs cuisinera;

Le Grand Khan des Jaunes, allié
à ses troupes,

Tout Chrétien bleuira comme
martyr, sous une Croix.

NOSTRADAMUS

*Jardin du Monde aupres
de cité neufve,*

Dans le chemin de montagnes cavees:

Sera saisi et plongé dans la cuve,

*Beuvant par force eaux
soulphre envenimees.*

«Jardin du Monde», surnom d'une ville; généralement celle de Paris. Mais il y a une autre ville que l'on a surnommée «le Petit Paris»: ce fut Bucarest. «cité neufve»; «Dans le chemin de montagnes cavees», la ville de Ploesti, centre pétrolier; «envenimees», polluées; empoisonnées.

I. MANOLESCO

Beau jardin: Bucarest qui
fleurit dans la Cuve,

Creusée entre Ploesti et
les Monts radieux,

Exterminée seras, étouffée à l'étuve,

Et forcée d'avaler
l'arsénique sulphureux.

Le Dr Fontbrune localise Genève; son fils (*o.c.*) avance
que c'est la pollution qui va submerger, par les tunnels,
les environs de Neufchâtel. Vlaicu Ionescu trouve mieux,
en jouant sur «jardin»; transposé en «Beau-cour»
«Boucour» (roum. «Bucur»), étymon du nom de la
capitale de Bucarest. La ville est située à 45° de latitude,
non loin des Carpates et près de Ploesti (le réservoir
de pétrole).

NOSTRADAMUS

VI. 97

*Cinq et quarante degrez
ciel bruslera,*

*Feu approcher de la
grand'cité neuve,*

*Instant grand flamme
esparse sautera*

*Quand on voudra des Normans
faire preuve.*

I. MANOLESCO

VI. 97

Quarante-cinquième parallèle
en flammes

Brûlera la cité* de Novare par
les bords,

Tout comme jadis Ploesti*
et selon le même plan,

Avant qu'ils ne débarquent
en France par la Côte-Nord..

La ville de Novare, près de Turin, en Piémont (Italie
du Nord) est la seule à remplir les conditions requises
par la grille hermétique, à l'exception de celle de Ploesti,
en Roumanie. Novare se trouve sur le 45e parallèle; elle
a déjà été deux fois le théâtre de défaites (1513;1849).
C'est un objectif industriel stratégique. Quant à Ploesti
(tout comme l'a révélé Vlaicu Ionescu, *o.c., p. 345-347*),
elle a été incendiée pour supprimer sa source pétrolière
à la veille de l'invasion en Normandie (1944).

NOSTRADAMUS

V. 13

*Par grand fureur le Roy
Romain Belgique*

*Vexer voudra par
phalange barbare;*

*Fureur grinssant chassera
gent Lybique,*

Depuis Pannons iusque Hercules
la hare.*

«Vexer», sévir; «phalange barbare»,commando terroriste; «la gent Lybique», les Musulmans; «Pannons», la Pannonie, au sud de la Hongrie; les colonnes «d'Hercule», ou le détroit de Gibraltar; «la hare«, le cri de guerre, de bagarre.

I. MANOLESCO

V. 13

Philipe le Romain*, futur roi
de Belgique

Voudra sévir partout le
terrorisme barbare;

La fureur se répand contre
intrus Arabique*;

Du Royaume Autrichien*
jusqu'au vieux Gibraltar.

«Philippe», né en 1960, dont la mère est Romaine, hérite
du trône de Belgique; les «intrus» ou immigrants
d'origine orientale seront moins bien perçus en Europe.
L'Empire austro-hongrois va, entre temps, renaître et
jouera le rôle d'un gendarme au cours des incursions.
(*cf. Saint-Hilaire*).

NOSTRADAMUS

VI. 80

Sept ans fera Philip fortune prospere

Rabaissera des Arabes l'effort;

Puis son mydi perplex
rebors affaire;

Jeune ognyon abysmera son fort.

«rabaissera», occupera (l'Algérie) tout en réduisant le nombre des «(travailleurs) Arabes»; «son mydi», le sud de la Belgique; «perplex», embrouillé; «ognyon», le dieu gaulois «Ogmios».

I. MANOLESCO

VI. 80

Sept ans fera Philippe la fortune
de Belgique,

Occupant l'Algérie; Arabes à l'écart;

Le Sud contestera soudain
sa politique*,

La jeune Wallonie* va briser
son pouvoir.

Les Wallons se révolteront contre l'hégémonie des
Flamands, vu le problème linguistique. Le roi sera
renversé et fait prisonnier, («jeune Ognyon», de
«Ogmios», l'Hercule gaulois, symbole aussi des
«Wallons», dont le nom dérive du gr. «Gallos», à
l'accusatif «Gallon»[1]).

---

1 Saint-Hilaire, 1982, p. 241.

(Pape agenouillé devant le mur de Jérusalem et scène de l'Enfer).
Enguerrand Charonton (Musée de Villeneuve-les-Avignon).

Des Papes

NOSTRADAMUS

V. 92

Apres le siège tenu dix sept ans

Cinq changeront en tel revolu terme;

Puis sera l'un esleu de mesme temps,

Qui des Romains ne sera
trop conforme.

I. MANOLESCO

V. 92

Le Saint-Siège tenu par Pie XI
dix-sept ans,

Cinq autres papes l'auront
jusqu'au terme;

Puis, deux sixième, élus
en même temps,

Ce qu'à Rome du tout ne
semblera conforme.

NOSTRADAMUS

VI. 26

*Quatre ans le siège quelque peu
bien tiendra,*

Un surviendra libidineux de vie;

*Ravenne et Pise,
Veronne soustiendront*

Pour eslever la croix du Pape envie.

I. MANOLESCO

VI. 26

Quatre ans le Saint-Siège
celui-là tiendra,

Quand quelqu'un viendra,
débauché et impie,

Et Ravenne, Pise, Véronne soulèvera,

Pour arracher la Croix au pape
en vie.

NOSTRADAMUS

II.97

*Romain Pontife, garde
de t'approcher*

De la cité que deux fleuves arrose,

*Ton sang viendra aupres
de la cracher*

*Toy et les tiens quand fleurira
la rose.*

«*auprès de là*», *aux environs d'une telle ville, avec,
aussi, la valeur du temps;* «*cracher*», *se répandre;* «*et
les tiens*», *de la lignée des papes;* «*fleurira*», *elle
s'épanouira et sortira ses épines.*

I. MANOLESCO

II. 97

Un Pape* ne devra en nul
temps s'approcher

D'un lieu comme Lyon que
deux fleuvent arrosent;

Sinon il répandra son sang
sur un rocher,

Percé par des piquants que
lui lançe la Rose*.

Tout pape, en général, doit contourner une pareille
conjoncture s'il veut éviter un attentat. Pie VI mourut
en 1799 sur le chemin de Lyon. Jean-Paul II a failli
être assassiné peu de temps après son projet de se
rendre à Genève (8-11 juin 1981). En France, on
affichait alors sur tous les murs la «Rose» du Parti
Socialiste triomphant. Le pape allait être victime d'une
tentative d'assassinat, quelque temps après, à Rome
(d'après Fontbrune).

NOSTRADAMUS

X. 29

De Pol Mansol dans caverne caprine,

*Caché & prins extrait hors
par la barbe,*

Captif mené comme beste mastine

*Par Begourdans amenee
pres de Tarbe.*

I. MANOLESCO

X. 29

De Jean-Paul II le défenseur hirsute

L'attrapent les insurgés
dans la Grotte d'Azur;

Le tirent en laisse par sa
propre barbe

À travers la Bigorre,
jusqu'à Lourdes près de Tarbes.

NOSTRADAMUS

II. 35

*Dans deux logis de nuict
le feu prendra,*

*Plusieurs dedans ostouffez
& rostis;*

*Pres de deux fleuves pour
seul il adviendra;*

*Sol l'Arq, & Caper tous
seront amortis.*

*«logis», bâtiments de la ville; «de nuict», au cours de
la nuit; «ostouffez», asphyxiés; «rostis», brûlés; «près
de deux fleuves», du Rhône et de l'un affluent; «Sol»,
symbole abrégé (cf. Malachie), du pape Jean-Paul II;
«l'Arq», l'Archevêque; «Caper» (?) un personnage
dévoué au Pape et du signe du Capricorne.*

I. MANOLESCO

II. 35

Dans deux places le feu au palais
du pontife,

Plusieurs dedans suffoquent
et sont rôtis;

Par bateau, seul en mer,
le pape quitte les récifs;

L'archevêque et lui-même à
Lyon seraient occis.

Rome est en proie aux flammes; un incendie brûle la
Basilique (et les corpus d'habitation) des deux côtés. Il
y a des victimes. Le pape s'échappe; il embarque et
traverse la mer; puis il rejoint l'archevêque de Lyon et
son homme de confiance mais, à ce moment-là, ils
seraient tous les trois victimes d'un attentat.

NOSTRADAMUS

IX. 68

Du mont Aymar sera noble obscurcie,

Le mal viendra au ioinct
de Saone & Rosne,

Dans bois cachez soldats
iour de Lucie,

Qui ne fut onc un si horrible throsne.

I. MANOLESCO

IX. 68

Des Aymars du Pérou éclipsant
la furie,

Les Maquisards font feu sur
un Pape, près du Rhône.

Son étoile s'éteindra quand
brille Sainte-Lucie;

Jamais si laide tache n'aurait
souillé le Trône.

L'arme nucléaire

NOSTRADAMUS

II. 96

*Flambeau ardant au ciel
soir fera veu,*

Pres de la fin et principe du Rosne,

*Famine, glaive, tard
le secours pourveu,*

La Perse tourne envahir Macedoine.

«*Flambeau ardant*», *un objet lumineux mystérieux;*
«*sera veu*» *fera son apparition;* «*fin et principe du
Rosne*», *des bouches du Rhône à sa source;* «*glaive*»,
attaques, guerre, luttes; «*tard le secours pourveu*»,
l'aide défensive des grands alliés arrivant trop tard;
«*La Perse*», *l'Iran.*

I. MANOLESCO

II. 96

Flambeau ardent, OVNI le soir est vu

De bout en bout dans
la vallée du Rhône,

Famine sévit; secours
trop tard pourvus,

L'Iran change de camp;
envahit Macédoine.

Dès que la Grande Comète ou celle de Halley (signalées par les Arabes, puis par les Européens) se montraient au firmament, les fléaux se mettaient à sévir en Europe. Une invasion des Arabes allait succéder à ce signe de mauvais augure, la Comète.

145

NOSTRADAMUS

VI. 35

Pres de Rion et proche
a la blanche laine

Aries, Taurus, Cancer,
Leo, la Vierge,

Mars, Jupiter, le Sol ardera
grand plaine,

Bois et citez lettres cachez au cierge.

I. MANOLESCO

VI. 35

Septentrion vêtu du poil
de la Grand'Ourse;

(Apocalypse des sept
mondes constellés),

Et Soleil de la Mort,
tous deux entrent en course

Pour que Villes et Forêts
brûlées soient, et scellées.

148

Antéchrist, Comète, et Fin du monde

NOSTRADAMUS

II.97

Faulx a l'estang joincte
vers le Sagittaire,

En son hault AVGE de l'exaltation,

Peste, famine, mort
de main militaire,

Le siecle approche de renovation.

la «Faulx» a une forme analogue à celle que décrit le signe de Saturne; «l'estang» suggère le signe du Verseau; «AVGE (sic), ou «Véga» en anagramme (Vlaicu Ionescu), dont «l'exaltation», au propre comme au figuré (lire ce dernier sens sur la planche suivante), rend fragile la conjoncture astrale et prédispose l'Univers à la «rénovation» planétaire annoncée par le mage Nostradamus.

I. MANOLESCO

II. 97

Saturne troublera la Mare
du Verseau;

Véga excitera le Sagittaire;

Ici-bas peste et fléaux, qui enterrent,

Assombriront la fin du millénaire

Annonçant de l'Astral le
total renouveau.

Ce quatrain-clé nous prouve, d'une part, que le poète et prophète Nostradamus commence l'histoire du monde par la fin imminente, ce qu'il peut lire dans les étoiles et, d'autre part, que toute prédestination cyclique, quelle qu'elle soit, porte sur le chapitre final qui l'intéresse au plus haut degré. Si la date que l'astrologue Nostradamus nous présente est exacte, nous n'aurons à attendre, pour la vérifier, que jusqu'au 7 juin 1991.

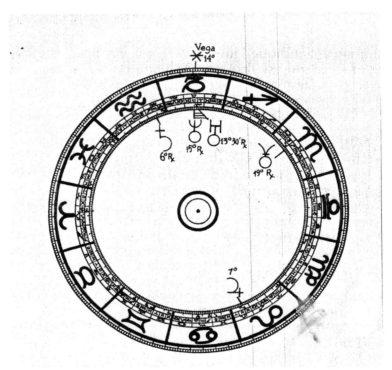

La configuration astrale du 20 mai 1991 (Vlaicu Ionescu, *Nostradamus, l'histoire secrète du Monde*, 1987, p. 512).

Scolie du quatrain-clé, I-16

En fonction de:

a) la prévision contenue par le précédent;

b) la figure de la conjoncture planétaire prévue;

c) l'autorité incontestable en la matière, de la source de référence, Vlaicu Ionescu, o.c., l'auteur qui a découvert, signalé et interprété le moment final prévu par ces données.

Sous le signe du *Verseau* marqué par les Vagues et rappelant l'«estang» énoncé par Nostradamus, Véga excède le cercle du zodiaque. C'est elle que Nostradamus signale en anagramme au second vers par *Avge de l'exaltation*.

Le Poète fait précéder par le vocable *haut* l'indication de plus haut; un *homonyme* qui couvre *Hot-Or*, le signe d'*Uranus*: et que nous distinguons à l'intérieur du cercle, en haut à droite c'est la planète qui se dirige (tout comme Neptune) vers le *Sagittaire*.

1. *o.c.*, p. 510-513.
2. *cf.* planche suivante.

Les Comètes observées jadis, et signalées par les astronomes. En 6ᵉ position nous reconnaissons celle observée en France en 1456 (Halley).

(Manuscrit musulman; Bibl. d'Ét. arabes de l'Univ. McGill).

فى الشهب والمذنبات وأحجار الجو

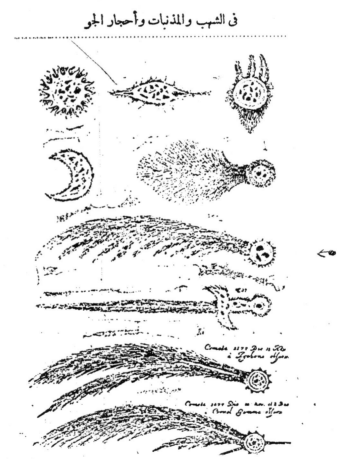

gepawo͂ M.ccc. vn vl viij jar stund
em fromde bunderliche geschelschaft
auss von purgern vnd von puuren die giengen
durch vil lande vnd stet mit creutgen vnd mit
ruomen vnd sungen ȳeuge lieder vn predigt
vnd gaisleten sich selber vil vnd vast vnd wie =
len iuder auf beichten vnd absoluierten selber
in ein ander vnd schelten vnd gepaten vil an
ein iuder zu halten bunderliche ding vn falsch
wyse vnd artikel iuder cristen gelauben vnd

(Règne de l'Antéchrist; peur de l'Apocalypse; flagellants; – page
de manuscrit).

155

NOSTRADAMUS

II. 7

Entre plusieurs aux isles deportez,

*L'un estre nay à deux dents
en la gorge:*

*Mourront de faim les
arbres esbrotez,*

*Pour eux neuf Roy, nouvel
edict leur forge.*

*L'Antéchrist, assimilé au Vampire, répondait à un tel signalement; «esbrotez», en bourgeons; «roy», chefs religieux; Nostradamus oppose l'adoration des 3 Mages devant l'Enfant Jésus à l'anathème des 9 Kabbalistes contre la naissance néfaste de l'Antéchrist.

I. MANOLESCO

II. 7

Parmi les criminels déportés
de la Brousse,*

Un Vampire naîtra, à deux
dents dans la gorge;

Autour de lui la Mort
fauchera jusqu'aux pousses;

Pour le tuer, neuf Mages en
vain un édit* forgent.

«la brousse», des Tropiques; les îles de la même région
ou la «Brousse», l'ancienne capitale de l'empire otto-
man; un «édit» similaire à celui de Hérode (même
antithèse – analogie entre le Christ et l'Antéchrist).

NOSTRADAMUS

VIII. 77

L'Antechrist trois bien tost annichilez

*Vingt et sept ans sang
durera sa guerre.*

Les heretiques morts, captifs, exilez,

*Sang corps humain eau rogie
gresler terre.*

Détail du Couronnement de la Vierge; Enguerrand Charonton

VIII. 77

L'Antéchrist aux trois gueules
sur sept bâillonnées,

Tiendra le monde vingt-sept ans
en guerre.

Les dissidents captifs ou exilés,

Écorchés vifs, feront rougir la Terre.

(Musée de Villeneuve-les-Avignon)

NOSTRADAMUS

II. 92

Feu couleur d'or du ciel en terre veu,

Frappé du haut nay, faict cas merveilleux:

Grand meurtre humain: prinse du grand nepveu,

Morts d'espectacles eschappé lorgueilleux.

«Feu», bombe atomique (selon Vlaicu Ionescu et Serge Hutin); «couleur d'or du ciel», un ciel de braise, opacifié par le champignon – couleur poussière embrasée de la bombe atomique; «du ciel en terre», s'étendant de haut en bas et pleuvant la matière radioactive; «du haut nay», du haut du ciel; «faict cas merveilleux», un cas unique, jamais rencontré jusqu'alors; «grand meurtre» massacre, hécatombe; «prinse du grand nepveu», le neveu du grand (Soleil?). Le Malin, «Orgueilleux» ange de la Mort, se rend à ce spectacle unique.

I. MANOLESCO

II. 92

Feu léchant ciel et terre
je vois, couleur or,

L'allumera d'en haut-par
engin explosif

Massacrant genre humain –
le suppôt du Captif,

Prince Orgueilleux, élargi
pour la Danse des Morts

Un «feu» mortel, d'une envergure que Nostradamus s'efforce de rapporter aux dimensions perceptibles, se présente au poète sous la forme d'une vision terrible, qui s'oppose à l'archétype chrétien du «buisson ardent». C'est une «antimatière» à la fois antispirituelle; c'est l'Orgueilleux prince des Ténèbres et c'est une détonante explosion. La guerre comme spectacle; la mort comme système de nettoyage de la biosphère, se donnent le mot au cours du règne d'un dictateur apparenté à l'un des derniers papes.

NOSTRADAMUS

II. 43

Durant l'estoille chevelue apparente,

*Les trois grands princes
seront faicts ennemis:*

*Frappez du ciel paix
terre tremulente,*

*Pau, Timbre undans, serpent
sus le bort mis.*

*«durant», pendant toute la durée de − (ces 7 jours)
«estoille», astre, ou corps astral; Comète; «apparente»,
tant que dure son apparition; «grands princes», chefs
d'État; «faicts ennemis», une folie guerrière s'emparera
des confrères dirigeants, «frappés» du haut du ciel;
«tremulent», tremblent; «Timbre», le Vatican (qui se
trouve, au bord du Tibre); «undans», qui bouillent;
«serpent», Satan; «sus le bort mis» sortira par la
bouche de l'Enfer et s'installera sur ses bords pour
régner sur le monde.*

II. 43

Lorsqu'un astre* à queue se
fera apparent,

Trois grands chefs passeront
dans le camp du Terrible;

Les fleuves vont bouillir à
l'issue de Satan

Qui prendra possession de
la Cité du Tibre*

La Comète Halley qui jadis annonça la mort des papes,
la victoire des Infidèles et l'apparition de l'Antéchrist,
fera de même lorsque l'assassinat d'un bon pape fera
place à un certain suppôt de l'Enfer déguisé en saint
homme. Nostradamus perçoit cette prophétie par une
antithèse mnémique entre la conjoncture messianique
ayant engendré le christianisme, et celle, diabolique,
allant le détruire par l'apparition de l'Antéchrist
usurpateur.

NOSTRADAMUS

I. 56

*Vous verrez tost & tard faire
grand change,*

Horreurs extremes & vindications;

*Que si la Lune conduicte par
son ange,*

Le ciel s'approche des inclinations.

I. MANOLESCO

I. 56

Quand, à la Fin, les horloges
partiront à l'envers,

Horreurs; folie; vengeances;
vicissitudes

Répandra de la Lune l'ange pervers,

Qui change la gravité à
sa seule latitude.

NOSTRADAMUS

VI. 42

A Logmyon sera laissé le regne,

Du grand Selin, qui plus
fera de faict:

Par les Itales estendra son enseigne,

Regi sera par prudent contrefaict.

VI. 42

Au Grand Mogol sera passé le rêne

De ce règne croissant du
Croissant décroissant,

S'abrogeant par la ruse
la Botte comme Enseigne,

Antéchrist contrefait,
niché au Vatican.

NOSTRADAMUS

X. 10

*Tasche de meurdre,
enormes adulteres,*

*Grand ennemy de tout
le genre humain,*

*Que sera pire qu'ayeuls,
oncles, ne peres,*

*En fer, feu, eau,
sanguin & inhumain.*

*«Tasche de meurdre», souillé par ses meurtres innom-
brables; «enormes adulteres», dont celui sans égal que
commet l'Antéchrist; «pire qu'ayeuls», que tous les
tyrans l'ayant précédé sur terre; «sanguin», sangui-
naire; «inhumain», bestial.*

X. 10

Il sera maculé de
meurtre et d'adultère,

L'Antéchrist en forgeant aux
humains l'hécatombe;

Pire que Néron sera, que
Staline et Hitler,

Par fer; par eau; par sang;
par torture et par bombes.

Selon le mythe apocalyptique, le parfait opposant à la pureté du Christ, c'est l'Hermaphrodite diabolique. Cet être syncrétique et allégorique se présente comme une unité de deux êtres «siamois»; la moitié femme, c'est à la fois la mère et la prostituée de l'autre qui, à son tour, se procrée lui-même comme étant le père et, en même temps, le fils de cet alter-ego qui l'a engendré. L'Antéchrist cumule dans sa personne, et surpasse en cruauté, les satrapes de tous les temps; il détruit plus que tout autre le genre humain.

NOSTRADAMUS

X. 70

Des regions subiectes à la Balance

Feront troubler les monts par grande guerre,

Captifs tout sexe deu & tout Bisance,

Qu'on criera a l'aube terre a terre.

«régions», par degrés de dépendance, tantôt pays, tantôt provinces, républiques unionales ou zones ethniques; la «Balance» n'est pas ici le signe du zodiaque (ni l'Italie) mais le symbole de l'équilibre des forces et l'accessoire d'une justice aveugle (Yalta). La force ayant le plus gagné en pays asservis fut alors et le reste la Russie soviétique. La «grande guerre» mondiale frappera particulièrement fort les satellites, de «terre» en «terre»; d'un pays à l'autre.

X. 70

Les Rouges dans leurs sept
pays assujetis

Mènent la guerre et renversent
des montagnes;

Fidèles de tout sexe, toute foi,
mis au bagne,

Se traînent terre à terre
dès l'aube, et crient.

Si la première guerre mondiale vit la présence dans la ville de Constantinople (l'ancienne Byzance) des troupes alliées (et Serge Hutin de le resignaler), la troisième qui a déjà commencé, si elle ne s'arrête comme on aimerait le croire, mettra à feu et à flammes la moitié de l'Eurasie sur la verticale, ce qui correspondrait en grand à l'ancien empire néobyzantin. Celle qui fut le cœur de l'orthodoxie, le serait de son contraire ou du Vide.

NOSTRADAMUS

VI. 6

Apparoistra vers le Septentrion,

Non loing de Cancer
l'estoille chevelue,

Suze, Sienne, Boëce, Eretrion,

Mourra de Rome grand,
la nuict disperue.

«Septentrion», la constellation de la Petite Ourse est située près du pôle arctique: «Suse, Sienne», villes d'Italie; «vers la Mer Rouge («Erythreum mare»), «non loing de Cancer», en juin, lorsque le Soleil entre dans le «Cancer» (7 juin); puis ceci nous ramènera au même point géographique et à la guerre du Golfe; l'ancienne Suse élamite, à l'ouest du Tigre, et ses fameuses tablettes témoignant des civilisations éloignées, fut détruite par l'invasion d'un peuple cruel et moins avancé, les Assyriens, après les Cassites qui avaient rendue vassale Babylone. Mais si les deux Suses seront en jeu, Nostradamus prédit la pénétration des Irakiens sur le continent, par l'Italie; «grand», pontife.

I. MANOLESCO

VI. 6

Par une nuit de juin,
de la zone Arctique*

La Comète partira,
longue queue ondulante*,

Passant de l'Italie*
en Asie arabique*,

Non sans ravir de Rome l'âme
d'un pape mourant.

La Comète Halley ou l'autre, la mystérieuse, que l'on a dénommée «la grande Comète», passera le 7 juin vers le pôle arctique. Elle déploiera sa forme ramifiée, qui la fait assimiler au «Dragon de l'Apocalypse (sur notre couverture). Elle provoquera les facheux événements que la statistique astrologique met sur son compte depuis bien longtemps. Le plus grand des malheurs sera la pénétration des terribles, «archers de Suse», les actuels Iraniens et Irakiens – par l'autre Suse – cette clé de l'Italie, sur le continent de l'Europe. La première chose que feront ces fanatiques sera alors de mettre fin à la vie du chef spirituel de la Chrétienté. Le Grand Pontife mourra, dit-on, à l'aube, et alors la nuit barbare se dispersera en Europe (?).

NOSTRADAMUS

X. 66

Le chef de Londres par regne l'Americh,

L'Isle d'Escosse t'empiera par gelee;

Roy Reb auront un si faux Antechrist,

Qui les mettra trestous dans la meslee.

«*Le chef de Londres par regne l'Americh*», *en vérité, la* «*reine*» *d'Angleterre* «*règne*» *aussi sur le Canada par son Gouverneur général;* «*L'Isle d'Escosse*», *on lit, par conséquent, la Nouvelle-Écosse;* «*empiera*», *ira de mal en pis; sera endommagée,* «*par gelée*», *nous lisons ceci tantôt par le froid intense, tantôt par la guerre de la drogue; et encore (par changement de sujet et agglutination), comme suit:* «*le Gouverneur va* «*temperer*» *le soulèvement de certaines provinces du Canada par une guerre contre les Autochtones qui harcèlent la population sous le* «*Roy Reb*», *roi des Rouges et son armée toujours ainsi colorée (communiste).*

174

Nostradamus ne connaît que le début de l'histoire de la «Nouvelle France» qu'il voit reliée physiquement à l'Amérique (continent / futur pays intégraliste), et ceci par l'intermédiaire d'un Jacques Cartier qui revenait du Canada auprès du roi François 1er après avoir pris possession du pays au nom dudit roi (1541). Néanmoins, ce pays qui tiendra plus tard du royaume d'Angleterre, aura à apaiser les Iroquois.

I. MANOLESCO

X. 66

Le Gouverneur du Canada
règnant sur l'Amérique,

Et la Nouvelle-Écosse gelant
toute de froid,

Lors l'Armée Rouge pourra
traverser l'Arctique,

Et si pervers Antéchrist à sa
tête elle aura,

Que tout le monde en guerre
contre l'État mettra.

Le prophète qui voyait si loin dans l'avenir, a formulé l'axe directeur de la politique de toute une série de pays et de nouvelles nations; il a par ailleurs projeté cette spirale dans ce qui, par rapport à nous, constitue un avenir lointain et opaque tandis que pour Nostradamus, le même avenir, avec son développement cyclique, se faisait voir d'emblée, par le visionnaire qu'il était, et se condensait dans son présent, son vécu à lui; ceci grâce à un don de voyance que nous constatons, sans pouvoir le définir ni l'approuver partout.

Cette spirale lui apparaît comme un cercle unique. C'est à l'astrologue d'en déceler les spires superposées constituant les aspects particuliers, dans le temps et l'espace, de l'Histoire à venir. C'est au poète de trouver ensuite les figures de style capables de transmettre ou d'évoquer ces vérités différentes. C'est, enfin, à l'hermétiste d'enrober tout ceci dans des structures paraboliques. Nostradamus veut délecter le lecteur et en même temps dénoncer l'Antéchrist. Il frappe par là dans la Bête. Ce mal incarné allait devenir un empire envahissant. Que ce soit l'union des forces totalitaristes soviétiques à un moment du revirement de la terreur, ou que ce soit encore, ou aussi, le permanent ennemi menaçant, l'Islam, Nostradamus pointe de sa plume le dessous infernal de ces recrudescences. Les forces Ennemies agiront encore par une si habile politique, inspirée par un si pervers et hypocrite Antéchrist, qu'il fomentera partout des dissensions; entre les autochtones et le centre; entre les deux nations; entre celles-ci et les ethnies; entre les générations, etc.

NOSTRADAMUS

II. 78

Le grand Neptune du profond de la mer,

De gent Punique et sang Gaulois meslé;

Les Isles asang pour le tardif ramer,

Plus luy nuira que l'occult mal célé.

«Neptune» et encore «le grand», les États-Unis; «gent Punique», race dépréciée; les Peaux-Rouges (du Canada); «sang gaulois meslé», des Français métissés, ou mêlés à une autre nationalité; «ramer», rester; «le tardif» ce qui se fait trop tard; entre temps, le maintien provisoire d'une situation donnée; «occult» la raison intime et non-déclarée; le «mal», le tort, la discrimination, la révolte; «celé», caché, couvert, retenu.

II. 78

Le Grand Neptune verse
dans l'Océan,

Peaux-Rouges et Québécois
rendus au même,

Le sang des insulaires de céans;

(Le statu quo fâche
plus qu'anathème).

Les États-Unis interviennent dans les conflits qui risquent de démanteler le pays du continent nord-américain. Ils font une purge parmi les autochtones et les Québécois; le Canada anglais est mis à sang, à cause des désidératas que l'on a trop longtemps bafoués (?).

179

Nicolas Froment, détails du Triptyque (Florence; Les Offices).

Le Grand Monarque

NOSTRADAMUS

V. 74

De sang Troyen naistra
cœur Germanique

Qui deviendra en si haute puissance;

Hors chassera gent
estrange Arabique,

Tournant l'Eglise ne pristine
preeminence.

«De sang Troyen», issu d'un peuple de langue néolatine (on nous dit ailleurs que ce sera un Français). Ce fut Énée, le Troyen qui, après la destruction de Troie, s'enfuit portant son père Anchise sur ses épaules. Accueilli en Latium, il épousa Lavinia, la fille du roi. De là, les Romains eux-mêmes descendraient des Troyens. Or, l'empire romain a fondé la Gaule romaine, en annexant d'abord le Sillon Rhodanien et la «Provincia» (lieu d'origine de Nostradamus). «Germanique», tout comme Louis le Germanique, roi des Francs orientaux, roi de «Germanie» aussi, non pas de l'Allemagne mais du royaume ancien formé en 843 d'une partie de l'empire carolingien.

Cette précision était nécessaire, vu que d'autres ont jadis dénaturé le sens poétique et patriotique des dires du Provençal éclairé Nostradamus. Il n'y a pas la moindre trace de fanatisme dans les accents lyriques de l'auteur d'une œuvre comme les «Centuries», destinée à durer des siècles tout en renouvelant, une fois les deux cent ans ou à chaque fin de siècle, ses preuves de validité multiple. Quant à la «pristine preeminence» du latin, ce n'est pas que Nostradamus qui l'exige, mais les exégètes actuels de l'Europe future, qui préconisent comme langue internationale, le merveilleux latin...

I. MANOLESCO

V. 74

Sang Capétien;*
ascendance Romanique,

Structure aryenne;
politique germanique,

Voilà le dernier Roi, le plus
grand de la France

Cumulant à lui seul une
si grande puissance

Qu'il bannira d'Europe
l'Étranger Arabique,

Au Vatican rendant
l'initiale éminence.

Le Futur Grand Monarque sera l'héritier légitime du trône de France; il mènera une politique pro-germanique(?), tout en ramenant Rome — l'Église catholique — à la hauteur de sa vocation primordiale.

Les étrangers d'origine islamique ayant envahi les pays
européens et imposé leur loi contraire au christianisme,
seront chassés du pouvoir. Alors l'Église, rentrée dans
la bonne voie, rétablira les coutumes anciennes et
officiera en latin.

NOSTRADAMUS

VI. 28

*Le Grand Celtique entra
dedans Rome*

Menant amas d'exilez et bannis;

*Le grand pasteur mettra à port
tout homme*

*Qui pour le Coq estoyent
aux Alpes unis.*

«Grand Celtique», le grand roi des Français (Nostradamus le nomme ailleurs, en anagramme, le Grand «Chiren» (Henri); les Français, ainsi que les combattants qui, comme eux, avaient refusé de s'agenouiller devant les mécréants ayant envahi et occupé l'Europe occidentale, et qui avaient réussi à s'enfuir à l'étranger – de même que ceux qui avaient été bannis pour les mêmes raisons. «Le Coq» gaulois; et les «Alpes» qui ne sépareront plus dorénavant la France de l'Italie.

I. MANOLESCO

VI. 28

Le Grand-Celtique viendra
en triomphe à Rome

Porté par son escorte de
transfuges, hors-la-loi;

Le bon pape accueillera
tout homme

Qui dans les Alpes se
serait battu pour le Roi.

Tout comme jadis Napoléon Bonaparte faisait son entrée triomphale à Rome entraînant à sa suite la foule des partisans, les exilés de jadis, les bannis ou les hors-la-loi, celui qui viendra vers la fin de ces temps, dénommé le Grand Monarque, ira lui aussi tout d'abord dans la Cité des Papes.

Le futur Pontife l'accueillera les bras ouverts, lui et l'escorte. Ceux qui auraient lutté et souffert pour le Grand Monarque, en seront récompensés. Ainsi sera-t-elle confirmée, l'Alliance de l'empire temporel avec celui, supérieur, d'ordre divin.

187

NOSTRADAMUS

VII. 24

L'ensevely sortira du tombeau,
Fera de chaînes lier le fort du pont,
Empoisonné avec œufs du Barbeau,
Grand de Lorraine par Marquis
du Pont.

Henri V «descendant des Capétiens et des Guise» (J.Ch.
de Fontbrune, p. 500) avancera de pays en pays jusqu'à
la mer, ou le «pont» (grec: mer), notamment la Mer
Noire (Pontus Euxinus). Il va «assainir» (métaph.) la
mer polluée par le Gros mangeur de poisson (ibid) qui
la tient prisonnière, tout en «empoisonnant» (éliminant
l'envahisseur insatiable) le coupable par ce qu'il avale
volontiers (calembours). Les «agents» du Grand
Monarque dans cette campagne seront aussi bien des
nobles, et encore français, que des riches, et des gens
éclairés, provenant des pays en cours de libération.
J.Ch. de Fontbrune identifie par anagramme «Bar-
beau», au duc de Guise, un originaire de «Bar-le-Duc»,
ville dont les armes comportent deux barbeaux. Nous
croyons par contre que la guerre engagée pour la
libération des peuples connaîtra des armes «toxiques»
– (tout comme le sont réellement les œufs du barbeau).

188

Quand à cette «Lorraine» que l'on appelait encore le «Cœur de l'Austrasie», pour nous ce serait très vraisemblablement, comme toponyme, une façon lapidaire ou un «pars pro totum», dont Nostradamus a voulu anticiper sur les État-Unis d'Europe (Puis, encore, d'une certaine Asie? Mais où commence-t-elle, cette «Asie» sinon en Europe?) L'empire du Grand Monarque s'étendra de la Lorraine» jusqu'à l'«Arménie». Ce dernier pays constituera une «Marque» (trad. Fontbrune), ou une «Marche frontière». Quel que soit cependant le «poisson», fût-il noble ou roturier, il arrêtera les futurs envahisseurs d'Orient, par sa position stratégique en Asie Mineure et aux bords du Pont-Euxin.

I. MANOLESCO

VII. 24

Le Roi Capet surgira de sa tombe;

Vers l'Armenie jettera
un pont d'ombres;

L'Ours furieux vont-ils le
nourir des plombs

Du vrai Barbeau; et du Goujon
du Pont.

(Le descendant de Louis XVI, (le roi enseveli, ou
sacrifié) sera le Grand Monarque qui réunira les États
d'Europe de l'Ouest et de l'Est, y compris la Roumanie
et les Républiques, délivrées de la suprématie
communiste. Le point stratégique sera en Arménie, au
bord de la Mer Noire. Au lieu de servir de pâture aux
bachi-bouzouks, les nobles aux noms de poissons vont
eux-mêmes bourrer l'Ours gourmand de la nourriture
«toxique» dont celui-là se gave si volontiers (pollution,
nuages radioactifs).

NOSTRADAMUS

X. 72

*L'an mil neuf cens nonnante neuf
sept mois.*

*Du ciel viendra un grand
Roy d'effrayeur*

*Ressusciter le grand
Roy d'angoulmois,*

*Avant apres Mars regner par
bon-heur.*

*«1999 + 7 mois»; «Roy», chef, ce sera le roi métaphy-
sique ou le mage, qui se donnera une réplique terrestre
dans la personne d'un autre «roi», celui de France.
(«Angoulmois».)*

I. MANOLESCO

X. 72

L'an mil neuf-cent-nonante-neuf,
le mois sept,

Du ciel arrivera le Monarque
de Grandeur,

Qui ressuscitera le grand Roi, Capet,

Pour qu'après Mars néfaste,
il instaure le bonheur.

«1999, au mois de juillet»; c'est la date avancée par Nostradamus de l'arrivée, en venant «du ciel», du «Roi» de l'Univers, qui va «frayer» le chemin à un Roi du pouvoir temporel issu d'une souche apparentée à celle des rois Capet. Ce dernier, un conquérant de la taille de celui de l'Angoulmois, mettra fin à une ère de destructions, horreurs et carnages patronnés par le dieu de la guerre. «Avant et après» ou «Alpha et Omega» le Rédempteur, régnera dans le monde soutenu par ce roi Français, roi de tous, qui «par bonheur» s'appliquera à tenir le pas.

Jérôme Boch, «Deux Rabbins.»

Michel Nostradamus, un autre «Hiram» sacrifié pour sa haute science

NOSTRADAMUS

VI. 50

Dedans le puys seront trouvez les os,

Sera l'inceste commis par la maratre;

L'estat changé, on querra bruit
et los,

Et aura Mars ascendent pour
son astre.

*«puys», excavation, sépulcre; «trouvez», dénichés
(profanés); «les os», la dépouille mortelle; «l'inceste»,
un crime perpétré contre un parent; «la maratre», mère
(patrie) dénaturée, criminelle; «los», loi, consentement
(ou encore une graphie manquée de «clos»?).*

I. MANOLESCO

VI. 50

Dedans le puits on cherchera les os
De la victime du crime de la Marâtre;
Et Babylon, par coup d'État,
huis clos,
Aura comme ascendant le pire
des astres.

Nous avons enfin pu résoudre l'énigme de ce quatrain si controversé. Serge Hutin le considérait comme annonçant la révolution de 1789. Vlaicu Ionescu entrevoyait le soulèvement des masses trompées par leurs fausses idoles, le rejet des dépouilles de Staline et de Lénine du Mausolée de Léningrad; nous avons d'abord lu, dans cette allégorie, a) une version nostradamienne de la Prostituée de Babylone; b) une allusion personnalisée, en partant du mythe de Hiram assassiné et jeté dans un puits, axée sur une expérience ou épreuve et dirigée contre l'Inquisition, ou la nouvelle Babylone; contre Rome, la Mère dénaturée de ses fidèles sacrifiés par l'Inquisition et prostituée par le machia-vélisme.

Tout en nous arrêtant à la dernière interprétation, exposée plus haut, nous dirons ce qui nous semble la justifier, en nous rapportant à certaines dates biographiques et en base des mots-clés, ou des mots-témoins, posés par Nostradamus dans l'édifice de ce quatrain.

Le «puys», sera sa propre sépulture; elle a été profanée V.1); les ou la dépouille mortelle du prophète quittera réellement sa tombe par violation de sépulture. Une autre violation et crime avait frappé Nostradamus vivant. Sa femme et ses enfants sont morts – on avance que par un crime odieux – pendant que l'Inquisition l'avait mis en poursuite et contraint de se tenir loin, en quittant pour un certain temps sa maison et sa famille. Ce quatrain serait, d'après nous, un memento marquant un moment crucial dans la vie, l'orientation et la prise de conscience de Nostradamus; en même temps un aveu et un appel à la justice immanente devant cette chose tue, ce crime qui le frappa de la part de l'Inquisition.

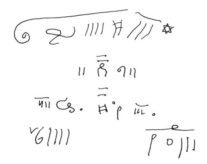

Legis cantio contrà ineptos criticos.

Quid legent hosce versu, maturè censunto
Profanum vulgus et inscium ne attrectato:
Omnesque Astrologi Blenni, Barbari procul sunto
Qui aliter facit, is rite sacer esto.

Remerciements

En arrivant à la fin de ce livre, l'auteur pense à trois Hommes; trois esprits d'élite qui ont bien voulu lui accorder, avec leurs lumières, leur précieuse amitié. L'auteur tient à leur exprimer sa reconnaissance, son amitié fidèle et son admiration.

Ces trois Sages ont eux aussi approché – et avec combien de profit – l'œuvre de Nostradamus.

Merci à vous, Vlaicu Ionescu; merci à vous, Philippe, comte de la Messuzière; merci aussi à la mémoire du regretté Mircea Eliade.

Ionela Manolesco

Fin du Spicilège / Nostradamus 1991

Sommaire

Avis au lecteur 7

Indications de lecture 11

L'aveu de Michel de Notre-Dame 18

Tout comme la Sibylle 23

Notre révélation du secret des «Branches» 29

Le Cardinal et son opposé 33

Commentaires sur les prophéties de
      Nostradamus sur Cinq-Mars 39

Les tyrans du temps jadis 41

Les Rouges tantôt desserrent,
      tantôt serrent leurs serres 49

La guerre du Golfe 69

Le tout-puissant Occident 93

Apocalypse 109

Des Papes 129

L'arme nucléaire 143

Antéchrist, Comète et Fin du monde 149

Les guerres 159

Le Grand Monarque 181

Michel Nostradamus, un autre «Hiram»
      sacrifié pour sa haute science 195

Remerciements 201

Ce livre,
format Colombier in-octavo,
composé en Bodoni corps 18
a été imprimé à Montréal
en l'an mil neuf cent quatre-vingt-onze
sur les presses des ateliers Lidec inc.
pour le compte de
Guérin littérature
grâce à l'aimable collaboration
de ses artisans.